JN115060

戦後最悪の日韓関係

その責任は安倍政権にある

深草徹

かもがわ出版

はじめに

二〇一六年一一月二三日、有効期間一年間と定めて締結された日韓軍事情報包括保護協定（日韓ＧＳＯＭＩＡ。*以下単に「協定」もしくは「日韓ＧＳＯＭＩＡ」という）は、これまで協定第二一条第三項に基づき、二回自動延長されてきた。二〇一九年は、一一月二三日の満期を前に韓国政府の去就が注目されてきた。同条同項によると一方の締約国政府が他方の締約国政府に期間満了九〇日前に終了させる意思を書面通告しない限り、自動延長されることになっているからだ。一部に、韓国政府は、結局自動延長を選択するのではないかとの見方もあったが、あにはからんや八月二二日に終了させることを決定、翌二三日、日本政府に書面通告した。

協定を延長するか終了させるかは、締約国政府が自由に決めてよいことで、他国からとやかく言われるべきことではない。しかるに、日本政府は、韓国政府の決定の報を聞くやまだ正式に通告書を受け取る前にこれに抗議するという異例の対応を示した。即ち、二二日夜、駐日韓国大使を外務省に呼び出し、抗議したあと、同日午後一〇時六分から、外務省で行われた臨時記者会見

*ＧＳＯＭＩＡは、General Security of Military Information Agreement の略称

で、河野太郎外相は、以下の談話を発表したのであった（外務省ホームページ）。

二〇一六年の一一月二三日に、日韓両国政府は秘密軍事情報の保護を確保する目的で、秘密軍事情報の保護に関する日本国政府と大韓民国政府の間の協定の署名を行い、その協定が同日発効いたしました。この協定は、日韓の間の安全保障分野における協力と連携を強化し、地域の平和と安定に寄与してきているとの認識のもと、二〇一六年の締結以来、これまで毎年自動延長されてきたものであります。それにもかかわらず、今般、韓国政府が本協定の終了を決定したことは、現下の地域の安全保障環境を完全に見誤った対応と言わざるを得ません。韓国政府は今般の発表の中で、安全保障の文脈において、韓国政府による協定の終了の決定と、先般の我が国による輸出管理の運用見直しを関連づけておりますが、この二つは全く異なる次元の問題であって、韓国側の主張は全く受け入れられるものではありません。こうした全く次元の異なるものを混同してこういう決定をしていることに、断固として抗議をしたいと思います。日韓関係は現在、今回の決定を含め、韓国側からの極めて否定的かつ非合理的な動きが相次ぎ、非常に厳しい状況が続いておりますが、日本政府としては、様々な問題についての我が国の一貫した立場に基づき、引き続き韓国側に賢明な対応を強く求めていきたいと思います。先ほど、南官杓《ナム・グァンピョ》韓国大使を召致し、このような我が国の立場を伝達し、この次元の異なる問題を関連づけて様々決定が行われていることに対して、抗議をしたところでございます。

もっとも政府の対応は、これまでの経緯から予測できたことであった。しかし、立憲民主党がこれと同じような対応を示したことには正直驚きを禁じ得なかった。

立憲民主党は、同八月二二日、「日韓両国の関係悪化を安全保障の分野にまで持ち込む韓国政府の姿勢は、決して容認できるものではない」、「今回の決定で利益を得る国がどこなのかを考えても、今回の決定は極めて遺憾であると断ぜざるを得ない」との政調会長談話を発表したのである（立憲民主党ホームページ）。

リベラルを標榜する野党の談話としては、やや短絡で、一方的な論難であるように思われる。政調会長談話後段部分では「日本政府においては、様々な背景や理由はあっても、こういう状況だからこその冷静な対応が求められる」、「様々な困難を伴おうとも、両国政府が真摯な対話を行う姿勢に戻るよう、強く求めるものである」と日韓政府双方に注文をしている。しかし、先の前段部分の印象が強すぎるし、そもそも事実経過を丹念に踏まえたものとは思えず、問題の本質に迫っていない皮相な見解のように思われる。

ネット上で望見する限り、リベラルとおぼしき人たちの一部から批判の声があがっている一方で、ナショナリスト・嫌韓ヘイトをこととしている人たちの中からは拍手喝さいの声があがっている状況のようだ。

しかし考えてみると、立憲民主党政調会長のこの談話は、今の日本国民の多数意見を反映したものかもしれない。それは、マスメディアが、これまで政府の見解を垂れ流し、その対応を無批判に報ずるだけで、それらの是非を独自の調査や分析によって批判的に報道することを怠ってきたために、結果として、日韓関係に関しては日本政府を応援し、韓国政府を批判するという相場観が国民の間に出来上がってしまっているように思われるからである。

マスメディアは、「戦後最悪の日韓関係」という言葉を枕詞のようにして使っている。しかし、私には、当のマスメディア自体が、それを作り出すことを手助けしているように思われてならない。

ともあれ、二〇一八年一〇月三〇日以後、日韓関係は悪化の一途をたどり、韓国政府が日韓GSOMIAを終了させる決定を日本政府に通告するに至った。この状況を戦後最悪の日韓関係と評することはさしつかえないだろう。

本書で、私は、戦後最悪の日韓関係に至った顛末と原因をつまびらかにし、それをどのように克服するかを提起しようと思う。あらかじめお断りしておくが、本書は、日本政府に対する厳しい批判の書となっている。国と国との関係が悪化すると、どうしても相手国を非難する断片的で非論理的な言辞が心地よく響き、歴史的、政治外交論的、法的な論理的考察に基づく自国への批判の言辞は耳障りなものとなる。しかし、日本国憲法前文の「われらは、いづれの国家も、自国のことのみに専念して他国を無視してはならないのであつて、政治道徳の法則は、普遍的なものであり、この法則に従ふことは、自国の主権を維持し、他国と対等関係に立たうとする各国の責務であると信ずる」という一文を思い起こして欲しい。日本国民は、相手国の非難に汲々とすることなく、普遍的な「政治道徳」に従うことを宣言しているのである。そのような日本国民として、一人でも多くの方が、この戦後最悪の日韓関係を、まじめに真正面に見据え、普遍的な「政治道徳」の目で、冷静に考えて頂きたいというのが、私の切なる願いである。

もくじ●戦後最悪の日韓関係——その責任は安倍政権にある

はじめに　3

第一章　日韓GSOMIAの足どり……15
1、GSOMIAとは何か　16
2、ドタキャンとなった日韓GSOMIA　20
3、日韓GSOMIAの締結へ　24

第二章　危うい日韓の諸合意……29
1、二〇一五年一二月、慰安婦問題合意　30
2、ゆり戻される慰安婦問題合意と日韓GSOMIA締結　33
3、徴用工問題判決――時限爆弾　36

第三章　徴用工問題損害賠償認容判決へ……45
1、幻に終わった韓国政府の司法介入　46

2、法と正義は守られた　48
3、附論——わが国の司法介入の実例　50

第四章　日韓関係カタストロフへ……57
1、暗礁に乗り上げた慰安婦問題合意と合意の履行を迫る日本政府　58
2、二〇一八年一〇月三〇日韓国大法院判決（新日鉄住金大法院判決）　67
3、日韓関係カタストロフへの一本道　78

第五章　日韓請求権協定に基づく協議等……83
1、事実経過　84
2、日韓請求権協定に基づく協議等——問題点　90
（1）三権分立を無視し、統治構造の破壊を求める要求　91
（2）極めて一面的で硬直した見解の押し付け　94
附論　韓国政府は従来の見解を変えたのか　112

（3）政治日程をにらんだスケジュール闘争であったこと　120
（4）侮辱的で、外交的・国際的儀礼を欠くもの　130

第六章　禁じ手の報復措置……135
1、外為法の輸出等許可・審査手続き　136
2、韓国向け輸出等許可・審査手続きの厳格化　138
3、不当な報復措置　142

終　章　日韓関係をどう修復していくか……147
1、韓国政府の決断　148
2、韓国政府の責任か？　151
3、修復の第一段階――実務的・実利的対処と民間交流を　153
4、修復の第二段階――河野談話、村山談話等の立場に復帰すること　155
5、修復の第三段階――朝鮮侵略と植民地支配が国際法違反だったと明らかにする　160

（1）朝鮮に対する侵略戦争と植民地支配の歴史――日露戦争終結まで　161
（2）朝鮮に対する侵略戦争と植民地支配の歴史――第二次日韓協約締結経緯　170
（3）朝鮮に対する侵略戦争と植民地支配の歴史――日韓併合条約　174
（4）正義・人道の通念、国際法に照らし許されないものであった　181
6、土壇場での韓国政府の方針転換　194
あとがき　201

第一章
日韓GSOMIAの足どり

1、GSOMIAとは何か

立憲民主党の政調会長談話では、日韓GSOMIA当然維持されるべきで、これを終了させることはとんでもないことだとの認識が示されている。その認識は、妥当であろうか。

二〇一一年一月、民主党政権の北沢俊美防衛大臣と韓国李明博《イ・ミョンバク》政権の金寛鎮《キム・グァンジン》国防部長官との間で、日韓GSOMIAの締結に向けて協議を進めることを合意した。しかし、それは突如として持ち上がった外交・軍事課題ではなく、中国の軍事的進出と北朝鮮の核・ミサイル開発という二つの脅威に対処するという目的のもとに、アメリカが北東アジアにおいて、日・米・韓の軍事同盟を強固なものにするために着々と布石を打ち、お膳立てをしてきたものなのである。

世界に軍隊を展開し、軍事同盟網を張り巡らせているアメリカは、六〇数か国との間で、二国間のGSOMIAを締結していると報告されており（一九九七年一一月一一日久間章生防衛大臣答弁・第一六六国会国際テロリズムの防止及び我が国の協力支援活動並びにイラク人道復興支援活動等に関する特別委員会議事録）、GSOMIAのプロフェッショナルとも言うべき存在である。

そのアメリカは、かねて日米軍事同盟の強化に執心してきたが、二〇〇五年一〇月二九日の日米安全保障協議委員会（安保条約の運用に関する最高協議機関。日米の外交・防衛担当の閣僚によって構成されるので「ツー・プラス・ツー」と略称される）において、日米軍事同盟の質的転換を図ったものと評される報告書『日米同盟――未来のための変革と再編』をまとめあげた。

その中で、「日米同盟は日本の安全とアジア太平洋地域の平和と安定のために不可欠な基礎。同盟に基づいた緊密かつ協力的な関係は世界における課題に対処する上で重要な役割を果たす」、「日本の有事法制、自衛隊の新たな統合運用体制への移行計画、米軍の変革と世界的な態勢の見直しといった、日米の役割・任務・能力に関連する安全保障及び防衛政策における最近の成果と発展を、双方は認識した」とし、日米同盟の深化、米軍と自衛隊の統合運用を確認するとともに、「情報共有及び情報協力の向上」なる項目で「共有された秘密情報を保護するために必要な追加措置をとる」ことが謳われていた。

この「共有された秘密情報を保護するために必要な追加措置」は、二〇〇七年五月一日のツー・プラス・ツーでまとめ上げられた報告書『同盟の変革　日本の安全保障及び防衛協力の進展』の中で以下のように具体的に示されている。

閣僚は、新たに発生している安全保障上の課題に対して、より効果的に対応するために、二国間の情報協力及び情報共有を拡大し、深化する必要性を強調し……この同盟の変革に関する構想に沿った役割・任務・能力の進展を確認するとともに、以下を強調した。……軍事情報包括保護協定（GSOMIA）としても知られる秘密軍事情報保護のための秘密保護の措置に関する両政府間の実質的合意。GSOMIAは、情報交換を円滑化し、情報並びに防衛装備計画及び運用情報の共有に資する情報保全のための共通の基礎を確立するものである。

どのGSOMIAにもほぼ共通しているのであるが、①受領国政府は当該情報を提供国政府の承諾なしに第三国に提供しない、②受領国政府は、提供された情報に対し、国内法令において提供国政府が与えていると同等の保護措置をとる、③締約国政府は、秘密軍事情報取扱資格の制度、秘密軍事情報管理手続きを確立する、などの事項が合意される。言うなればGSOMIAは、締約国に秘密軍事情報保護制度の確立を求めるもので、軍事同盟に魂を入れるものだと言ってよい。

『日米同盟——未来のための変革と再編』、『同盟の変革——日本の安全保障及び防衛協力の進展』なる二つのツー・プラス・ツー報告書で指し示された日米GSOMIAは、二〇〇七年八月一〇日に締結されるに至る。これも標準例に従い「日米両政府は秘密軍事情報について当該情報を提供する国の秘密保護と同等の保護を与えるための適当な措置を取ること」との規定がもうけられている（第六条）。

（以上の記述は福好昌治『軍事情報保護協定（GSOMIA）の比較分析』〈国立国会図書館調査及び立法考査局〉を参照した。）

一九八五年、第一〇二国会において、自民党の議員立法法案として衆議院に提出された「国家秘密に係るスパイ行為等の防止に関する法案」（スパイ防止法案）は、「外国のために国家秘密を探知し、又は収集し、これを外国に通報する等のスパイ行為」を防止するために、国家秘密（防衛のための体制等に関する事項、自衛隊の任務の遂行に必要な装備品及び資材に関する事項、外交に関する事項で、我が国の防衛上秘匿することを要し、公になっていない情報）を、業務者自ら、もしくは探知・収集した第三者が外国に通報する行為、業務者が漏えいする行為等を死刑・無期懲役を含む厳罰に処することとするというものであったが、野党や日弁連の猛烈な反対運動と国民世論の反発により、翌第一〇三回国会で廃案となった。

しかし、自民党は、その後もスパイ防止法案のごとき治安立法を制定することに執心してきた。そして遂に、二〇一三年一二月六日、自民党の長年の野望が達成されることになった。この日、多くの国民が国会におしかけ深夜まで抗議を続ける中、まさにスパイ防止法案の現代版とも言うべき特定秘密保護法案が参議院本会議で強行可決され、成立したのである。

これを推進する原動力となったのが、この日米ＧＳＯＭＩＡの締結だった。

以上述べたところから言えることは、日韓ＧＳＯＭＩＡの延長・存続を良きこととし、日韓ＧＳＯＭＩＡ終了決定を悪しきこととする考え方は、軍事同盟を是とし、また軍事、外交に関わる膨大な秘密の体系を作り出し、国民の知る権利を侵害する体制を容認する考え方と同根だということである。

2、ドタキャンとなった日韓GSOMIA

米韓相互防衛条約を一九五三年に成立させ、当初から正真正銘の軍事同盟の関係にあったアメリカと韓国の間に、米韓GSOMIAが締結されていることは言うまでもない。アメリカとしては遅ればせながらアメリカとの軍事同盟を完成させた日本と、軍事同盟国としては先輩格の韓国とを結びつけ、日韓GSOMIAを締結させて、日・米・韓の軍事同盟体制を構築する見通しをつけたことになる。だがそこに至るには高いハードルが待ち受けていた。

その高いハードルを越えて、ようやく日韓GSOMIAの締結に至ったのは先にも見たように二〇一六年一一月のことであった。日韓GSOMIAに対する評価はひとまず措くとしても、以下に述べる高いハードル越えの経過を正しく見て行くならば、日韓GSOMIA当然維持されるべきで、これを終了させることはとんでもないことだ、などという認識・評価がいかに底の浅い軽薄なものであるかがわかる筈である。

二〇一一年一月の北沢防衛大臣と金国防部長官との日韓GSOMIA締結に向けた協議推進の

合意後、一見、日韓間の協議は順調に進んでいるかのごとく見えた。二〇一二年五月八日には田中直紀防衛大臣が、記者会見で、「今月になるか、近々韓国から訪日の予定になっており、努力しているところ」と述べるところまで至っている。

一方、韓国国内では、強烈な揺り戻し現象が生じていた。同月一八日に、金国防部長官が、当時の韓国の最大野党・民主統合党幹部（現在の文在寅《ムン・ジェイン》政権の与党である「共に民主党」の母体）との会談の結果、日韓GSOMIA調印のための訪日を中止すると発表する事態に追い込まれたのである。「過去を清算していない日本との協力において、拙速は許されない」とねじ込まれた由である。

これにより日韓GSOMIA締結は、頓挫するとの見方も広がったが、韓国政府は、澎湃として沸き起こった世論に背を向け、国会での議論を避けつつ、しゃにむに締結に向けて突き進んで行く。ついに六月二六日、韓国国務会議（内閣）で、日韓GSOMIA締結を決定するに至った。

この韓国国務会議での決定を受け、日本政府も、同月二九日、閣議了承をし、かくして日韓両国政府は、同日午後四時、日本の外務省において日韓GSOMIAに調印するという段取りをつけるところまでこぎつけた。ところがなんとその五〇分前に、駐日韓国大使より外務省に調印延期の申し出がなされ、文字通りのドタキャン劇が演じられたのである。野党やメディアから「密室処理」「自衛隊の朝鮮半島進出に手を貸す」などの批判が一斉に噴出したことが表向きの理由とされている（林隆司『日韓軍事情報包括保護協定（日韓ＧＳＯＭＩＡ）締結延期の要因分析――署名延期一時間前の土壇場で政策変更された背景にあったもの』海幹校戦略研究二〇一四年一二月）。

もともと韓国内では、かつての植民地支配と宗主国としての韓国人に対する非人道的ふるまいに対し明確な謝罪をせず、被害者救済に消極的なばかりか戦前回帰を思わせるような動向を示す日本に対する反発と、対中国、対北朝鮮に対する無用な対立の火種をもたらすことになるという懸念から、日韓ＧＳＯＭＩＡ締結に反対する声が強かった。

そこにさらに波紋を広げることになったのが二〇一一年八月三〇日の韓国憲法裁判所決定である。韓国憲法裁判所＊は、韓国政府が日本軍「慰安婦」被害者及び「原爆」被害者の賠償請求権に関し、韓国政府が具体的解決のために努力していないことは被害者らの基本権を侵害する違憲行

＊韓国では、日本と違って、大法院を頂点とする通常裁判所のほかに、憲法第一一一条により、資格を有する九人の法官によって構成される憲法裁判所が設置される。憲法裁判所は、①違憲法律審判、②大統領その他の重要な公務員の弾劾審判、③違憲政党解散審判、④国家機関相互間、国家機関と地方自治体相互間及び地方自治体相互間の機関権限の争議の審判、⑤公権力の行使または不行使によって、憲法上の基本権を侵害された者が提起する訴願の審判の権限を有する。二〇一一年八月の憲法裁判所決定は、右の⑤に該当する。

為であるとの判断を示したのである。

この憲法裁判所決定に従い、韓国政府は、まず同年九月、国会で、日本政府に公式謝罪と被害賠償を求める決議を通過させ、同年一二月、野田佳彦首相と李大統領との日韓首脳会談で、李大統領が繰り返し慰安婦問題に言及したが、野田首相は、日韓請求権協定で解決済みとの見解を一歩も崩さなかった。野田首相の元来の保守的スタンスと民主党における求心力低下とがあいまってしからしめたのであろう。こうした日本政府の対応が、韓国国内で、日本政府に対する反発を強め、日韓GSOMIA締結に反対する声を大きくする結果となったのである。

韓国国内の日本政府に対する反発と日韓GSOMIA締結に反対する声に押されて、調印ドタキャン劇に追い込まれた李大統領が「天皇が韓国に来たければ独立運動家に謝罪せよ」と要求したり、竹島を訪問、上陸したりしたのは、それから一か月余り後の二〇一二年八月のことであった。次期大統領選を控えて、退任後も影響力を保持するがために世論におもねって演じたパフォーマンスであった。

同年一二月末、民主党野田政権は、問題を先送りしたまま自民党安倍晋三政権に席を譲ることになった。しかし、バトンを引き継いだ安倍政権の下でも、日韓GSOMIA締結の交渉は凍結されたままの状態が続いた。安倍首相の歴史修正主義的立場の表明により、韓国政府から、慰安婦問題について協議は一歩も前に進まないと受け止められたからである。翌二〇一三年二月、安倍政権誕生に少し遅れて就任した朴《パク》・槿恵《クネ》大統領は動きがとれず、朴大統領と安倍首相のにらみ合いが続くことになった。

3、日韓GSOMIAの締結へ

韓国で新大統領が誕生したにもかかわらず、一度も日韓首脳会談が実現しないまま日時が経過したが、それには理由がある。それは安倍首相が、慰安婦問題について日本政府としての謝罪を表明した一九九五年の河野談話や、戦前の植民地支配や侵略戦争を日本政府として反省した一九九三年の村山談話を否定するような発言を繰り返し、韓国の世論を刺激したからである。

まず、二〇一二年九月一四日、自民党総裁選告示日に、立候補者全員の共同記者会見の場で、「河野談話の核心をなすところは強制連行。朝鮮半島において家に乗り込んで強制的に女性を人さらいのように連れて行く、そんなことは事実上証明する資料はなかった。子孫の代に不名誉を背負わせるわけにはいかない。新たな談話を出すべきではないか」と談話見直しを明確に主張した。

次に、首相就任直後同年一二月三一日、産経新聞のインタビューで、村山談話、河野談話について以下のように述べて見直しを示唆した。

村山談話――終戦五〇年を記念して当時の自社さ政権で村山富市元首相が出した談話だが、あれからときを経て二一世紀を迎えた。私は二一世紀にふさわしい未来志向の安倍内閣としての談話を発出したいと考えている。どういう内容にしていくか、どういう時期を選んで出すべきかも含め、有識者に集まってもらい議論してもらいたい。

河野談話――平成五年の河野洋平官房長官談話は官房長官談話であり、閣議決定していない談話だ。（平成）一九年三月には前回の安倍政権が慰安婦問題について「政府が発見した資料の中には軍や官憲によるいわゆる強制連行を直接示すような記述は見当たらなかった」との答弁書を閣議決定している。この内容も加味して内閣の方針は官房長官が外に対して示していくことになる。

さらに翌二〇一三年四月二二日、参院予算委で、「（村山談話を）安倍内閣としてそのまま継承しているわけではない」と答弁、翌二三日同委で、「（村山談話に関して）侵略という定義は、学界的にも国際的にも定まっていない。国と国との関係において、どちらから見るかにおいて違う」「侵略の定義は学界的にも国際的にも定まっていない。国と国との関係でどちらから見るかで違う」と答弁した。

日韓関係が悪化し、日韓ＧＳＯＭＩＡ締結の交渉が凍結された状態が続くことに業を煮やして動いたのはアメリカであった。二〇一三年五月、朴大統領が就任後初めて訪米、米韓首脳会談が行われたが、その場で、オバマ大統領は日米韓の連携の重要性を強調して日韓修復への期待をにじませた。

しかし、朴大統領は、この時、「日本は正しい歴史認識を持つべきだ」と応じて、オバマ大統領の期待を婉曲に斥け、翌六月、大統領就任後二番目の訪問先として中国を選び、習近平主席との中韓首脳会談で、朝鮮半島の非核化を目指すこと、中韓自由貿易協定（ＦＴＡ）推進をうたった共同宣言をまとめ、中国接近の姿勢を鮮明にし、さらに同年九月末、米韓安全保障協議会に出席するため訪韓したアメリカのヘーゲル国防長官との会談で、日本との関係修復と日米韓三国の連携を求める同長官に、日本の一部指導者は歴史や領土問題で時代に逆行した発言を繰り返し、謝罪する気もなく、元慰安婦を侮辱し続けている、信頼関係を作れない、首脳会談をしても得るものはないなどと述べた。

北朝鮮のミサイル・核開発に直面し、日韓ＧＳＯＭＩＡの締結により日米韓軍事同盟体制の完成を急ぐアメリカにとっては、いよいよこれは容易ならざる事態である。韓国訪問の足で、一〇月二日、三日に開催される日米安全保障協議委員会に出席するため来日したヘーゲル国防長官は、同三日、同じく来日中のケリー国務長官とともにアメリカ政府の高官としては初めて千鳥ヶ淵戦没者墓苑を訪れ、献花した。これは、きわめて意味深長なメッセージ、つまり靖国神社にご執心の安倍首相に慎重な行動をとれと無言で促すものであった。勿論、ヘーゲル国防長官は、朴大統領が上記の如き発言をしたことを日本政府に伝えることを忘れはしなかったであろう。

しかし、その後も安倍首相の行動は止まらない。同年一二月二三日、靖国神社を首相として公式参拝したのである。さすがにこれにはアメリカ政府も驚きを隠せず、駐日大使館のプレスリリースという形で、「日本は重要な同盟国であり友だが、アメリカ政府は日本が隣国と関係を悪化させる行動を取ったことに失望している」と表立って批判せざるを得なかった。

アメリカ政府は、その後猛然と安倍首相もしくはその周辺に働きかけたのであろう。安倍首相は、ようやく翌二〇一四年三月一四日、参院予算委で「歴史認識については、戦後五〇周年の機会には村山談話、六〇周年の機会には小泉談話が出されている。安倍内閣としては、これらの談話を含め、歴史認識に関する歴代内閣の立場を全体として引き継いでいる。慰安婦問題については、筆舌に尽くしがたいつらい思いをされた方々のことを思い、非常に心が痛む。この点についての思いは、私も歴代総理と変わりはない。この問題については、いわゆる『河野談話』がある。この談話は官房長官の談話であるが、菅官房長官が記者会見で述べているとおり、安倍内閣でそれを見直すことは考えていない」と答弁し、軌道修正を図った。この答弁は、外務省ホームページに今でも載せられており、対韓外交の転換点とするべく取り組まれたものであることを示している。

アメリカは、よほど根回しを慎重に運んだようで、この安倍答弁を受けて、翌一五日、韓国大統領府は朴大統領の「安倍首相が河野談話を継承するという立場を発表したことを幸いに思う」との声明を発表している。

そのアメリカのオバマ大統領の斡旋でようやく二〇一四年三月二五日、朴大統領と安倍首相の初顔合わせが実現する。それはオバマ大統領を交えての三者会談という形であった。このときまでに朴大統領就任以来一年二か月を経過していた。アメリカとしては見事に手打ちの儀式を演出したつもりであろうが、日韓双方にとってはぎこちないそれであった。私の脳裏には苦虫をかみつぶしたような顔でいやいや握手した日韓両国政府首脳の顔が焼き付いている。

かくして日韓政府は、慰安婦問題合意、日韓GSOMIAの締結へと突き進むのであるが、どうやら性急にことを進め過ぎたようで、それらは言うなれば砂上に楼閣を築こうという類のものであった。

第二章
危うい日韓の諸合意

1、二〇一五年一二月、慰安婦問題合意

二〇一一年八月三〇日に出された韓国憲法裁判所決定は、きわめて重要なものであった。「日本軍慰安婦の被害は、日本国と日本軍によって強制的に動員され、その監視の下、日本軍の性奴隷を強要されたことに起因するもので、他にその例を発見することができない特殊な被害である」、「日本国によって広範囲に恣行された反人道的犯罪行為に対して、日本軍慰安婦被害者らが日本国に対して有する賠償請求権は、憲法上保障される財産権であるのみならず、その賠償請求権の実現は、無慈悲に持続的に侵害された人間としての尊厳と価値、及び身体の自由を事後回復するという意味を有するものなので、その賠償請求権の実現を遮るのは憲法上の財産権問題に局限されず、根源的な人間としての尊厳と価値の侵害と直接関連がある」と認定した。その上でに、韓国政府が日本政府との間で、日韓請求権協定第三条による協議等の措置をとらないことを憲法違反と断じた（決定書全文の邦訳は日弁連ホームページにアップされている）。

この決定は韓国国民の圧倒的多数の支持を得て、韓国政府を後押しした。既に見たようにこの決定に基づき韓国政府が協議申し出をした後の日本政府の対応は、これと真摯に向き合うものではなく、とりわけ二〇一二年一二月の第二次安倍政権誕生後は、むしろ従来の日本政府の立場を後退させるような傾向が顕著になっていた。

二〇一四年三月に至って、日本政府は、ようやく形の上では従来の日本政府の立場（村山談話、河野談話で表明された日本政府の立場）に戻ったがそれ以上のものではなく、それは右記の韓国憲法裁判所決定の認定からはほど遠いものであったことは言うまでもない。それにもかかわらず朴大統領は「河野談話を継承するという立場を発表したことを幸いに思う」との声明で応じ、以後事務レベルの水面下の交渉に入って行った。

外交交渉は、一種のアートであると言ってよい。しかし、国民の支持という最も基本となる資源を欠いては、結局、アートではなく魂の抜けた工学的・技術的生産物に過ぎなくなる。二〇一五年一二月に成立した慰安婦問題合意は、このような生産物であった。

同月二八日、日本国岸田文雄外務大臣、韓国尹 炳世《ユン・ビョンセ》外交部長官は、ソウルの共同記者会見で発表した合意で以下のことを確認しあった。

　日本側は内閣総理大臣としてのお詫びと反省を表明した上で韓国政府が元慰安婦支援のため設立する財団に日本政府が一〇億円を拠出し、両国が協力していくこと。これにより慰安婦問題が最終的かつ不可逆的に解決されたことを確認し、互いに非難・批判することは控えること。

ソウルで日韓両国外相の記者会見が行われた同じ日の夜、安倍首相は、朴大統領との電話会談で「慰安婦として数多の苦痛を経験され、心身にわたり癒やしがたい傷を負われた全ての方々に対し、心からおわびと反省の気持ちを表明する」と述べた。合意に従ったものであるが、彼としては心にもないことを述べさせられたとの苦々しい思いがあったことであろう。しかし、同時に安倍首相は「日韓間の財産・請求権の問題は、一九六五年の日韓請求権・経済協力協定で最終的かつ完全に解決済みとの我が国の立場に変わりはない」、「慰安婦問題が『最終的かつ不可逆的に』解決されることを歓迎する」と述べ、これで一切終わりと釘を刺すことによっていささかは留飲を下げることができた。

ところが、「最終的かつ不可逆的に解決」なる言葉は、韓国国民を激しく揺り動かし、慰安婦問題合意に反対する声が渦巻くことになる。右記韓国憲法裁判所の認定は、韓国国民の圧倒的多数の認識でもある。慰安婦問題合意はそれと真摯に向き合い、根本的解決を探求するものではなかったから、韓国国民の多数がこれを許さず、真の解決を求めて立ち上がることになったのは必然的なことである。

伊外相は合意発表の共同記者会見で「(ソウルの日本大使館前の少女像について)韓国政府としても、可能な対応方向について関連団体との協議を行う等を通じて、適切に解決されるよう努力する」と述べている。それを受けて岸田外相も「(少女像は)適切に移転されるものと認識している」との希望的観測を述べた。しかし、合意発表の直後の一二月三〇日に韓国の世論調査機関リアルメーターが行った世論調査では、少女像撤去については反対が六六・三％、特に二〇歳代では八六・八％が反対という回答結果で、日韓両国政府の期待に反するものであった。

その後の推移を見ると、少女像撤去問題とその後の日本政府の態度とが慰安婦問題合意の裏面を浮き彫りにし、韓国国民の中に一層、慰安婦問題合意に反対する声を広げることになったと言える。

2、ゆり戻される慰安婦問題合意と日韓ＧＳＯＭＩＡ締結

慰安婦問題合意後間もない二〇一六年二月一六日、ジュネーブの国連欧州本部で行われた国連女性差別撤廃委員会の日本政府報告書の公開審査で、日本政府を代表して出席した外務省・杉山晋輔外務審議官は厳しく問いただされた。その中でもとりわけ慰安婦問題について、日本政府がその報告書で「日本政府が発見した資料の中では軍や官憲による強制連行を確認できるものはなかった」、「性奴隷という表現は事実に反する」などと述べていることが大きな注目をあび、国際社会において、この問題に関する日本政府の姿勢は「加害事実の否定」だと広く行き渡ることになった。

同年三月七日公表された同委員会の日本政府報告書審査の総括所見第二八項では、以下のように指摘された（日弁連『国連女性差別撤廃委員会総括所見の生かし方と今後の課題』）。

『慰安婦』問題を解決しようとする締約国（日本のこと――筆者）の努力、直近では二〇一五年一二月二八日に発表された締約国と大韓民国の間の二国間合意を通じての努力に留意しつつ、委員会は、締約国が前述の諸勧告を実施していないこと、及び、指摘されている違反は本条約（女性差別撤廃条約のこと――筆者）が締約国にとって発効した一九八五年より前に起こったものであるから「慰安婦」問題は委員会の権限外であるとする締約国の主張を、遺憾に思う。委員会は、以下のことをさらに遺憾に思う。

(a)「慰安婦」に対して行われた侵害に対する締約国の責任に関して、近年、公職者や指導者による発言が増えていること、また「慰安婦」問題が「最終的かつ不可逆的に解決した」とする大韓民国との二国間合意の発表は、被害者中心のアプローチを十分に採用していないこと。

(b)深刻な人権侵害を受けた「慰安婦」の中には、締約国から公式で曖昧さのない責任の認知を得ることのないまま死去した人々がいること。

(c)締約国が他の関係国の「慰安婦」被害者に対する国際人権法上の責務を果たしていないこと。

(d)締約国が「慰安婦」問題に関する教科書の記述を削除したこと。

さらに安倍首相は、同年一〇月三日の衆院予算委において、慰安婦問題合意に基づき元慰安婦支援のためにつくられた「和解・癒やし財団」が、安倍首相名義の「おわびの手紙」を要請しているとの報道を踏まえ、そのような追加的措置をとる考えはないかと問われたのに対し、「われわれは毛頭考えていない」とこれを切り捨てる答弁をした。

こうしたことが慰安婦問題合意に反対する韓国の世論に拍車をかけた。

上記リアルメーター調査では、慰安婦問題合意についての質問に対する回答は、①「とてもよくない」三一・五%、②「どちらかといえばよくない」一九・二%、③「よくやった」一三・五%、④「どちらかといえばよくやった」二九・七%で、否定的評価が多数とはいえ、③、④を合計すると肯定的に評価する声も四三・二%に及んでいる。それが、一年後、日韓GSOMIAを締結して間もない二〇一六年一二月二八日に同リアルメーターが行った世論調査では、慰安婦問題合意を「破棄しなければならない」との回答が五九・〇%にのぼり、「維持しなければならない」との回答二五・五%を大きく上回るに至っている。

砂上に打ち立てられた慰安婦合意が揺らいでいるまさにその上に日韓両国政府は、日韓GSOMIAを積み上げてしまったと言ってよいだろう。

3、徴用工問題判決——時限爆弾

慰安婦問題を解決することによって、日韓関係を安定させ、その上に日韓GSOMIAを締結するという日韓両国政府の目論見——それは同時にアメリカ政府の目論見でもあったのであるが——は、形の上では達成されたが、形をなした慰安婦問題合意も日韓GSOMIAも当初から砂の上に築き上げられていたと評すべきものであった。その上、やがて爆発に至るであろう時限爆弾を抱え込んでしまっていた。

二〇一二年五月二四日、韓国大法院*は、元徴用工ら（以下の判旨中では「原告ら」と表記される）の損害賠償請求を棄却した新日鉄に係わるソウル高等法院、三菱重工に係わる釜山高等法院の二

＊韓国大法院は一四名の大法官で構成され、通常は三人以上の大法官で構成される部が審理するが、①命令または規則が憲法または法律に違反すると認められる場合、②従来の大法院が判決した憲法・法律・命令・規則の解釈、適用に関する意見を変更する必要があると認められる場合、③法律が憲法に違反していると認め、憲法裁判所に提請する決定をする場合、④部で裁判することが適当でないと認められる場合には、全員合議体で審理することになっている（許 祥洙『講演 韓国の裁判制度——裁判所の組織と権限を中心として』比較法学三〇巻一号・一九九六・七・一）。

つの高等法院判決に対する上告を理由あるものと認め、これらを原審に差し戻す判決をした（以下「差し戻し判決」という。これらの各判決は、日本でいう最高裁大法廷に相当する全員合議体判決ではなく、小法廷に相当する部判決である）。

本書に関係する争点、即ち戦時中、国家総動員法・国民徴用令等によって内地に移送され内地企業において過酷な労働に使役された徴用工らの動員先日本企業に対する損害賠償請求権が日韓請求権協定第二条によって消滅したものと解すべきかどうかの点についての判断は以下の判旨に示されている。両判決とも、この部分に関する判旨は同じである（判決書の邦訳は「法律事務所の資料棚アーカイブ」ホームページにアップされている）。

（判旨）請求権協定は日本の植民支配賠償を請求するためのものではなく、サンフランシスコ条約第四条に基づき韓日両国間の財政的・民事的債権債務関係を政治的合意により解決するためのものであり、請求権協定第一条により日本政府が大韓民国政府に支給した経済協力資金は第二条による権利問題の解決と法的対価関係があるとはみられない点、請求権協定の交渉過程で日本政府は植民支配の不法性を認めないまま、強制動員被害の法的賠償を根本的に否定し、このため韓日両国政府は日帝の韓半島支配の性格について合意に至ることができなかったが、このような状況で日本の国家権力が関与した反人道的不法行為や植民地支配と直結した不法行為による損害賠償請求権が請求権協定の適用対象に含まれていたと解することは困難である点などに照らしてみると、上記原告らの損害賠償請求権については、請求権協定で個人請求権が消滅しなかったのはもちろん、大韓民国の外交的保護権も放棄しなかったと解するのが相当である。

その上、国家が条約を締結して外交的保護権を放棄するにとどまらず、国家とは別個の法人格を有する国民個人の同意なく国民の個人請求権を直接的に消滅させることができると解するのは近代法の原理と相いれない点、国家が条約を通して国民の個人請求権を消滅させることが国際法上許容されるとしても国家と国民個人が別個の法的主体であることを考慮すれば条約に明確な根拠がない限り条約締結で国家の外交的保護権以外に国民の個人請求権まで消滅したと解することはできないが、請求権協定では個人請求権の消滅に関して韓日両国政府の意思の合致があったと解するだけの充分な根拠がない点、日本が請求権協定直後日本国内で「大韓民国国民の日本国及びその国民に対する権利を消滅させる内容の財産権措置法」を制定・施行した措置は請求権協定だけでは大韓民国国民個人の請求権が消滅しないことを前提とするときに初めて理解できる点等を考慮すれば、上記原告らの請求権が請求権協定の適用対象に含まれていたとしても、その個人請求権自体は請求権協定のみによって当然に消滅したと解することはできず、ただ請求権協定によりその請求権に関する大韓民国の外交的保護権が放棄されたことにより、日本の国内措置で当該請求権が日本国内で消滅したとしても大韓民国がこれを外交的に保護する手段を喪失することになるだけである。

したがって、原告らの被告に対する請求権は請求権協定により消滅しなかったものであり、原告らは被告に対してこのような請求権を行使することができる。


これらの判決で認定された当事者の来歴は以下のとおりである。


まず新日鉄事件の当事者四名について。

彼らのうち二名は、旧日本製鐵が一九四三年に平壌で出した大阪製鉄所の工員募集広告に「大阪製鉄所で二年間訓練を受ければ、技術を習得することができて、訓練終了後に韓半島の製鉄所で技術者として就職することができる」と記載されているのを見て、「技術を習得し韓半島に帰って就職することができるという点に惹かれて」応募し、旧日本製鐵大阪製鉄所で訓練工として労役に従事した。

大阪製鉄所では一日八時間の三交代制で働き、月一、二回程度外出が許され、月に二、三回程度の小遣いが支給されるだけで、会社は、同意を取り付けることなく、それぞれの名義の口座に賃金の大部分を一方的に入金し、その貯金通帳と印鑑を寄宿舎の舎監に保管させた。従事したのは、火炉に石炭を入れて砕いて混ぜたり、鉄パイプの中に入って石炭滓を除去するなど火傷の危険があり技術習得とは何の関係もない非常に過酷な労役で、提供される食事はその量が非常に少なかった。警察官が頻繁に立ち寄り、「逃亡してもすぐ捕まえることができる」と言い、寄宿舎にも監視する人がいたので、逃亡する考えをもつことはできなかったが、逃げ出したいと言ったことが発覚して寄宿舎舎監から殴打される体罰を受けた。

一九四四年二月頃、訓練工らを強制的に徴用し、徴用以後には小遣の支給も全く受けられなかった。大阪製鉄所は一九四五年三月頃アメリカ軍の空襲で破壊され、同じ訓練工のうち一部が死亡し、残りの訓練工らは同年六月ころ、咸鏡道清津に建設中であった製鉄所に配置され、移動した。清津では一日一二時間工場建設のため土木工事をしたが、賃金を全くもらえなかった。

一名は、一九四一年、大田市長の推薦を受けて報国隊に動員され、保寧から旧日本製鐵募集担当官の引率で日本に渡り、旧日本製鐵の釜石製鉄所で労役に従事した。賃金は貯金してやるという言葉を聞いただけで、全く受け取ることができなかった。

残る一名は、一九四三年一月頃、群山府（現在の群山市）の指示を受けて募集に応じ、旧日本製鐵の引率者にしたがって日本に渡り、旧日本製鐵の八幡製鉄所で労役に従事した。賃金を全く受け取ることができず、逃走して発覚し、約五日間殴打を受けたこともあった。

ついで三菱重工事件の当事者五名について。

彼らは、国民徴用令によって一九四四年八月から一〇月までに当時の居住地であった京城府と京畿道で徴用令書を受け取った後、各自の居住地付近で、他の被徴用者らと集結し、彼らと共に列車で釜山に行き、関釜連絡船で日本の下関港に到着、そこから列車で広島に行き、旧三菱の機械製作所と造船所などに配置され労務に従事した。このような移送及び配置は日本の軍人及び警察、旧三菱担当者の統制下で行われた。従事した労務は、鉄板切断、銅管曲げ、配管作業などで、労働時間は、二回の休日を除き毎日朝八時から夕方六時までで、一日の作業を終えると旧三菱が設置した宿舎に戻って食事をとり宿泊した。食事の量や質は著しく不十分であったし、宿舎は畳一二畳程度の狭い部屋に一〇～一二人の被徴用工らが共に生活するものであり、「宿舎周辺には鉄条網が張りめぐらされ、勤務時間中はもとより休日にも憲兵、警察らによる厳重な監視が行われ、自由がほとんどなく、韓半島に残っている家族との手紙のやり取りも事前検閲によって内容が制限された」。

これらを読むと徴用工と呼ばれている人たちの来歴は、さまざまである。戦争の長期化と拡大により、日本人労働者が戦争に動員され、労働力の不足が深刻化するようになった一九三九年ころ以降、朝鮮半島から、主に三Kと称される、きつい、汚い、危険な労働現場に若年労働力が動員されるようになった。動員方式は、一般に以下の三つの類型に区分される（水野直樹・文京洙《ムン・ギョンス》『在日朝鮮人　歴史と現在』岩波新書）。

①一九三九年から始まった募集方式——国家総動員法に基づく国民徴用令は、一九三九年七月に施行されたが、朝鮮半島への適用は留保され、募集方式が用いられた。募集方式は、事業主が、政府と朝鮮総督府に募集申請をし、募集地域の割り当てを受け、当該地域に労務係を派遣し、労働者を募集、引率してくるというものであるが、警察と地方官庁の協力は不可欠であった。それでも当初は、比較的任意性が確保されていたが、次第に、応募者が減少すると暴力を伴う強制的な動員に変わって行った。

内地に移送された後の労働は、他の二方式とは差はなく、強制と監視が公然と行われた。

②一九四二年からの官斡旋方式——募集方式によっては、必要な労働力を確保するのがいよいよ困難になると、日本政府は、同年二月、「朝鮮人労務者活用に関する方策」を閣議決定し、朝鮮総督府と地方官庁に「朝鮮労務協会」を置き、官の主導の下に労働者を集める方式に切り替えられた。この方式の下では地方ごとに労働者の隊や班を編成し、規律・精神訓練を施し、逃亡を防止する措置がとられ、強制動員の要素が強まった。

③一九四四年からの徴用方式——一九四四年八月「朝鮮半島人労務者の移入に関する件」が閣

議決定され、広く朝鮮人にも国民徴用令が適用されることになり、それ以後、この方式が一般化した。この方式は法的強制を伴うものであった。

現在の日本政府は、募集方式で動員された者を自発的意思に基づく任意の契約による労働であるかのように喧伝しているが、これは形式にとらわれた謬論である。事実は以上に述べたように、来歴の如何を問わず、一九三九年以後、内地に動員され、三K労働に、多かれ少なかれ強制力の下に労役に従事させられた朝鮮人労働者を、徴用工と総称し、同列に取り扱うことは何らさしつかえないのである。

一九六五年、日韓基本条約及びこれに付随する日韓請求権協定等の諸協定をまとめあげた当時の外務大臣は椎名悦三郎であったが、彼は、戦時中、厚生省の役人として徴用工動員に携わった経験に基づいて、「私はあの戦争時代に役人をしておりまして、それで九州の炭鉱地方をずっと回って歩いたことがある。その当時、たくさんの韓国の青年が、強制労働ですね、それに狩りだされて、そして炭鉱に配置された、いたいけなその状況をまだ私は胸に刻み込んでおるような状況であります。そういったような問題を私は考えながら、深く反省するという言葉を使ったので、しんみりといってなぜ悪いか、私はわからない。私にはいろいろな思い出があるものですから、深く反省するという言葉が出たのであります。」と述べている（第五〇国会衆議院日本国と大韓民国との間の条約及び協定等に関する特別委員会・一九六五年一〇月二八日議事録）。現在の日本政府も、内地に動員された徴用工の来歴の違いを蚤取眼で詮索するようなことはやめにして、椎名のように反省を示して欲しいものだ。

さて、これらの大法院判決は、元徴用工の日本の国家権力が関与した反人道的不法行為や植民地支配と直結した不法行為による損害賠償請求権は、日韓請求権協定によって、何ら解決はされておらず、個人の請求権は消滅していないと判断したのであった。

第三章

徴用工問題損害賠償認容判決へ

1、幻に終わった韓国政府の司法介入

右に見た大法院の各差し戻し判決の羈束力（下級審への拘束力）により、差し戻しを受けたソウル高等裁判所及び釜山高等裁判所が、これに従い、請求認容の判決を下すであろうこと、そしてそれらの高等法院の認容判決が、再度上告されても、大法院がそれら高等法院の請求認容判決を支持し、確定するに至るであろうこと、もしそうなれば慰安婦問題合意も日韓ＧＳＯＭＩＡも吹っ飛んでしまうことになる可能性があることは、既に、慰安婦問題について、日韓両国政府が交渉を開始した時点では予測されたことであった。

実際、二〇一三年七月一〇日、ソウル高等法院が新日鉄住金に対し、同月三〇日には釜山高等法院が三菱重工に対し、差し戻し判決に従い、それぞれ元徴用工の損害賠償請求を認容する判決を言い渡し、これらに対し、相次いで上告がなされて各事件は大法院に係属するに至っていたのである。

それにもかかわらず、日韓両国政府は、何故、この問題を無視するように慰安婦問題合意を急ぎ、日韓ＧＳＯＭＩＡ締結に至ったのであろうか。この疑問に対する答えは、韓国政府が韓国大法院にテコ入れし、同法院に政治的配慮のもと徴用工問題に対する判断を曲げさせることによって、この予測を現実化させないことを狙っていたのではないかということ、つまり時限爆弾を不

発弾化するというストーリーを描いていたということ、以外にはない。

これは決してあてずっぽうの推測ではない。現実に、その後、韓国大法院の大法官らが、韓国政府の意向を受けて、元徴用工らの事件の審理を遅らせ、元徴用工の請求を斥ける判決を出すことを画策していた疑惑が浮上、二〇一九年一月に至り、大法院前院長が逮捕され、二月一一日には、大法院前院長及び司法行政事務を所掌する二人の前大法官ら計三名の大法官が職権乱用罪で起訴され、公判に付される事態に至ったのである。

彼らに対する検察官の起訴状には、彼ら三名は、日本企業側訟務チームと接触を繰り返し、事件の審理開始を遅らせ、事件を全大法官による全員合議体で審理することを画策し、二〇一六年一〇月ころには、その見通しをつけるに至ったこと、韓国政府外交部の要請もあったことが記載されており、まさに驚くほど露骨な司法介入なされていたことが明らかにされている（二〇一九年二月一一日朝日新聞デジタルニュース、同月一三日中央日報日本語版、同年三月五日聯合ニュース等）。

しかし、このストーリーは、朴政権の思わぬ動揺と崩壊により、幻に終わってしまったのである。

2、法と正義は守られた

大法院前院長らを介した韓国政府の驚くほど露骨な司法介入が奏功しつつあった二〇一六年一〇月ころ、時期を同じくして朴大統領のスキャンダルが浮上した。悪いことはできないものだ。当時報道されたスキャンダルの核心は、朴大統領の長年の友人で実業家の崔順実《チェ・スンシル》が国政に介入したこと、崔に関連する団体の設立認可が非常に速やかに下ろされたこと、当該団体が朴大統領との関係をほのめかせて企業などから多額の寄付金などを集めたこと、さらには崔の娘の大学への不正入学などであった。このため朴大統領の支持率は同月末には一〇%を割り込み、一一月に入ると五%を切るまでになってしまい、朴政権は、任期一年を残して完全にレームダック状態に陥った（世論調査機関の韓国ギャラップが一一月四日発表した調査結果）。

市民による大統領弾劾を求める集会デモが、韓国主要都市で整然と敢行された。一〇月二九日、土曜日の夜に最初の徹夜ろうそく集会が行なわれて以来、毎週土曜日夜にろうそくをかかげて集会・デモに参加し、抗議する人々の数は瞬く間に膨れ上がり、同年一二月の最初の土曜日夜にはソウルだけで二〇〇万人を超えるに至る中、韓国国会は同月九日、朴大統領の弾劾訴追案を可決した。世論におされて与党セヌリ党の議員も多数が賛成にまわり、賛成二三四、反対票五六の圧倒的多数による可決であった（一二月一〇日朝日新聞朝刊）。

日韓ＧＳＯＭＩＡが締結されたのは、このように朴政権がレームダック状態に陥っていた時期であったことに注目されたい。それは韓国の民意を正当に反映し、韓国の外交成果として誇るに足るものであったと言えるのかどうか、おおいに疑問なのである。

さて二〇一七年三月一〇日、韓国憲法裁判所は朴大統領に対する弾劾審判で、「大統領は憲法と法律によって権限を行使しなければならず、公務遂行は透明に公開しなければならないが、朴大統領は崔順実の国政介入を隠蔽し、疑惑が提起されるたびに隠した」と認定し、罷免を決定した。これは九人の裁判官全員一致の決定であった（三月一一日朝日新聞朝刊）。

ろうそくを掲げた集会とデモは、この決定に至るまで、継続された。それは四か月余り続いたことになる。この朴大統領解任に至る一連の政治過程をろうそく革命と呼ぶ所以である。

こうした状況の下で、朴政権が画策した司法介入が頓挫したのは当然で、その結末は、二〇一八年一〇月三〇日の対新日鉄住金の徴用工問題に関する大法院判決で示され、既に見た如く司法介入自体の摘発にまで及んだのであった。かくして韓国の法と正義は守られたのである。

3、附論――わが国の司法介入の実例

少し話はそれるが、わが国でも、戦後の歴史において、外国政府がわが国政府に働きかけ、共同して司法介入をした事件が明らかにされている。それは今を去る六〇年前、一九五九年の出来事である（吉田敏浩・新原昭治・末浪靖司『検証　法治国家崩壊』創元社、末浪靖司『機密解禁文書にみる日米同盟　アメリカ公文書館からの報告』高文研）。

同年三月三〇日言い渡されたいわゆる砂川事件伊達判決（安保条約を憲法九条二項に違反するとした東京地裁判決）に対し、駐日米大使及び外務大臣らが談合し、さらに両者協力して当時の田中耕太郎最高裁長官に働きかけ、最高裁で、これを破棄する画策をしたのである。その経緯はざっと次の通りである。

「極秘」扱い解除後に、砂川事件元被告が公文書開示手続きで入手した外務省の「極秘」文書には、同年四月一日のマッカーサー駐日米大使と藤山愛郎外務大臣の密談が記録されている。

日　時　一九五九年四月一日午後三時半―五時五〇分

於帝国ホテル第一二五五号室

出席者　藤山大臣、山田次官　森アメリカ局長、東郷文彦アメリカ局安全保障課長、マッカーサー大使、レンハート公使、ハーツ書記官
大　臣（冒頭部分省略）目下最高裁に直接提訴するや否や検討中で、検事総長の帰京を待って決定する。
大　使　最高裁に行った場合その時期の見通し、うけたまわりたし。
大　臣　最高裁でも優先的にあつかうと聞いているが、自分にははっきりしたことはいえない。まず三、四ヶ月はかかるべし。（以下略）

一日おいて四月三日、政府は、飛躍上告することを決定した。マッカーサー大使に、この第一報をもたらしたのは当時の与党自民党幹事長福田赳夫であった。同日、マッカーサー大使は、国務長官に対し、次のように、「秘」公電で報告している。

自民党の福田幹事長は、内閣と自民党が今朝、政府は日本における米軍基地と米軍駐留に関する東京地裁判決を直接上告することを決定した、と私に語った。

この「秘」公電の七時間後、午後九時発の「秘」公電で、マッカーサー大使は、国務長官に対

し、さらに詳細な報告をした。次のとおりである。

法務省は本日、砂川事件に関する東京地裁伊達判決を、東京高裁を飛び越して直接最高裁に上告することに決めたと発表した。外務省当局者がわれわれに語ったところによると、法務省は近く最高裁に提出予定の上告趣意書を準備中だという。最高裁が本件をどのくらいの早さで再審理するかを予測するのは不可能である。判決の時期をめぐる観測者たちの推測は、数週間から数ヶ月もしくはそれ以上まで広範囲に及んでいる。

政府幹部は伊達判決がくつがえされることを確信しており、案件の迅速な処理に向けて圧力をかけようとしている。

その後、マッカーサー大使と田中長官とが「内密の話し合い」をした（おそらく一九五九年四月二二日）後、八月三日アメリカ大使館発国務長官宛「秘」航空書簡に、再び田中長官の名前が出てくる。レンハート駐日主席公使と田中長官が、七月末に密談をしたというのである。

共通の友人宅での会話の中で、田中耕太郎裁判長は在日アメリカ大使館主席公使に対し砂川事件の判決は、おそらく一二月であろうと今考えていると語った。弁護団は、裁判所の結審を遅らせるべくあらゆる可能な法的手段を試みているが、裁判長は、争点を事実問題ではなく法的問題に閉じ込める決心を固めていると語った。

こうした考えのうえに立ち、彼は、口頭弁論は九月初旬に始まる週の一週につき二回、いずれも午後と午前に開廷すれば、およそ三週間で終えることができると確信している。問題は、そのあとで生じるかもしれない。というのも、彼の一四人の同僚裁判官たちの多くが、それぞれの見解を長々と弁じたがるからである。裁判長は、結審後の審理は実質的な全員一致を生み出し、世論を揺さぶるもとになる少数意見を回避するようなやり方で運ばれることを願っていると付言した。

速やかに原判決を破棄する判決を求める日米政府当局者の意向に沿って、最高裁は、審理を急ぎ、同年九月一九日の口頭弁論をもって審理を終結し、判決に向けて一五人の裁判官による評議を開始した。その評議進行中の同年一一月初め、田中長官はまたもやマッカーサー大使と密談をかわし、まだ時期は決まっていないが来年初めまでには判決を出したい、手続き上の観点から見ている裁判官、法律上の観点から見ている裁判官、憲法上の観点から見ている裁判官に分かれるが、だいじなことは一五人の裁判官全員共の共同共通の土俵をつくることだ（全員一致の判決とするという意味か――筆者）などと述べた。

ここには評議を日米政府の意向に沿った結論へとリードしようとする田中長官の忠勤ぶりが如実に示されていると言ってよい。それにしても裁判所法第七五条第二項には、評議の秘密が定められているが、これに違反してまで日米政府に忠勤を励む田中長官にはあきれるほかはない。

さて、この結末は、同年一二月一六日に言い渡されたかの有名な砂川事件大法廷判決において示された。この判決は、結論としては「(旧安保条約が)違憲なりや否やの法的判断は、純司法的機能をその使命とする司法裁判所の審査には、原則としてなじまない性質のものであり、従って、一見極めて明白に違憲無効であると認められない限りは、裁判所の司法審査権の範囲外のものであって、それは第一次的には、右条約の締結権を有する内閣およびこれに対して承認権を有する国会の判断に従うべく、終局的には、主権を有する国民の政治的批判に委ねられるべきものであると解するを相当とする」というもので(いわゆる統治行為論)、安保条約は憲法九条二項に違反するかどうかの憲法判断を避けて決着させたものであるが、その結論とは関係ない法的見解(これを傍論と言う)をあれこれひねりまわしている。その傍論部分が、二〇一四年から二〇一五年にかけて、亡霊のように蘇り、集団的自衛権を認める論拠として、安倍首相や自公両党幹部に盛んに持ち上げられたことは周知の通りである。

なお、日米政府に忠勤ぶりを示した田中長官にもご褒美があった。定年退官後、彼が願っていた国際司法裁判所判事のポストを得ることになったのである。

韓国の司法介入が不発に終わり、関係者が刑事訴追されるという事態を目の当たりにして、わが国おける重大な司法介入事件を思い出したので、少し脱線気味ではあるが、触れてみた。ただ、韓国と違い、わが国では、この醜悪極まりない事件は闇に葬り去られてしまったことを、日ごろ、日本の優越感にひたっている人は、少しは恥じて頂きたいと思うのである。

第四章
日韓関係カタストロフへ

1、暗礁に乗り上げた慰安婦問題合意と合意の履行を迫る日本政府

二〇一七年一二月に実施されることになっていた次期大統領選挙は、同年三月一〇日朴大統領が解任となったため、韓国憲法第六八条第二項（「大統領が欠けたとき又は大統領当選者が死亡又は判決その他の事由によりその資格を喪失したときには六〇日以内に後任者を選挙する」）により、直ちに選挙戦に突入し、まだろうそく革命の余韻冷めやらぬ中、激しい選挙戦が展開され、同年五月九日、文在寅が当選した。

文は、選挙戦さなかの四月二八日、大統領選公約集を公表したが、そのなかで、①慰安婦問題の真相糾明及び被害者の名誉回復を行う一方、屈辱的な合意を無効化して再交渉を推進する、②元慰安婦の故金学順《キム・ハクスン》氏が公の場で被害を証言した八月一四日（一九九一年）を法定記念日に指定するとともに、慰安婦像等を保護する、③歴史的資料の収集・保存・管理及び調査・研究を体系的に実施することなどにより、慰安婦問題を正しく解決するなどの公約を掲げた。また文は、選挙遊説においても、たびたび慰安婦問題合意は「間違った合意」であると批判し続けていた。

一方で、文は、同年三月二八日に行われた共に民主党予備選挙の候補者討論会において、他候補の「日本は軍事的敵性国」という発言について、「解決しなければならない歴史的な問題が残っている。しかし、我々と最も近しい国であることも事実ではないか」と発言、四月一三日に発表

した「文在寅一〇大公約」においても、「韓米同盟の強化及び日本、中国、ロシア等、周辺国との協力を通じ、北朝鮮核問題の根本的解決を推進する」と表明するなど、日本との友好協力を重視する姿勢を示していた（菊池勇次『【韓国】文在寅政権の対日外交』国立国会図書館調査及び立法考査局）。

こうしたことから文大統領が、慰安婦問題合意にどう対処するのか注目されていた。しかし、就任直後の五月一一日、安倍首相との電話会談で「過去の事項が問題を作り出さぬよう、歴史の事実を直視することが必要不可欠」、「国民の大半が感情のレベルでは慰安婦に関する合意を受け入れることができないでいる」と率直に述べるにとどまり、慰安婦問題合意を破棄するということまで踏み込むものではなかった。文大統領は、再交渉によって追加的措置を求める意思を表明したもののようである。

この文大統領の考えは、ワシントンポストが六月二一日に掲載した文大統領単独インタビューでの次のような発言で、一層明確になっている。

「前政権が日本政府と結んだ慰安婦協定は、韓国人、特に被害者にとって受け入れられていない。彼らは合意に反対している。問題解決のために重要なことは、日本が法的責任を負うことと公式の謝罪を行うことだ。しかし、この一つの問題で日韓関係の進展を阻むべきではない。」

要するに彼は、追加的措置として、日本政府が、これまで不当性を認めて道義的責任というレベルにとどめていた慰安婦に対する責任を、法的責任に高め、日本政府が法的責任を認めて公式謝罪をすることを求めているのである。これは慰安婦問題合意の破棄ではなく、再交渉なのだと。

日本政府はこれまで、慰安婦問題については、二〇〇三年八月のいわゆる河野談話で「当時の軍の関与の下に、多数の女性の名誉と尊厳を深く傷つけた問題である。政府は、この機会に、改めて、その出身地のいかんを問わず、いわゆる従軍慰安婦として数多の苦痛を経験され、心身にわたり癒しがたい傷を負われたすべての方々に対し心からお詫びと反省の気持ちを申し上げる」と述べ、不当性を認め道義的な意味での反省を表明し、侵略戦争と植民地支配についても、一九九五年八月、いわゆる村山談話で「わが国は、遠くない過去の一時期、国策を誤り、戦争への道を歩んで国民を存亡の危機に陥れ、植民地支配と侵略によって、多くの国々、とりわけアジア諸国の人々に対して多大の損害と苦痛を与えました。私は、未来に過ち無からしめんとするが故に、疑うべくもないこの歴史の事実を謙虚に受け止め、ここにあらためて痛切な反省の意を表し、心からのお詫びの気持ちを表明いたします。また、この歴史がもたらした内外すべての犠牲者に深い哀悼の念を捧げます」と述べ、同じく不当性を認め、お詫びと反省を表明している。さらにこれらは一九九五年一〇月、日本国内閣総理大臣小渕恵三と大韓民国大統領金《キム》・大中《デジュン》がとりかわした「日韓共同宣言―二一世紀に向けた新たな日韓パートナーシップ―」の中で、「小渕総理大臣は、今世紀の日韓両国関係を回顧し、我が国が過去の一時期韓国国民に対し植民地支配により多大の損害と苦痛を与えたという歴史的事実を謙虚に受けとめ、これに対し、痛切な反省と心からのお詫びを述べた」と公式に宣言されている。

これらは二〇一二年一二月発足した第二次安倍政権においても、見直しの動きもあったが、形の上では継承されていることは既に述べたとおりである。

しかし、この一線を越えることは、日本政府、とりわけ安倍政権にとって容易にできることではなく、文大統領の試みは、日本政府から、たちまち「合意を守れ」と声高に非難の言葉を投げつけられ、一蹴されてしまった。

こうして文大統領就任後、早々に、慰安婦問題合意は完全に暗礁に乗り上げてしまった。

その後、韓国外交部は、二〇一七年七月、外交部長官直属の「慰安婦問題合意検証作業部会」を発足させ、合意の経過を検証するとともに、新たな方針の検討を進めさせていたが、同年一二月二七日、検証結果報告書を公表した。以下に重要な部分を箇条書きにして摘記する。見られるように慰安婦問題合意に至る交渉の裏面が赤裸々に示されている。これによると慰安婦問題合意は、まさに臭い物に蓋をするにたとえられる類のものであり、慰安婦問題という日韓間の懸案事項を真摯に解決するという目的を欠くものであったと言わざるを得ない。

・日本側が挺対協（韓国挺身隊問題対策協議会）など被害者関連団体を特定し、韓国政府に（合意に不満を示す場合の）説得を要請し、韓国側は関連団体の説得努力をするとし、日本側の希望を事実上受け入れた。

日本側は海外に（慰安婦被害者の）追悼碑などを設置することを韓国政府が支援しないとの約束を取り付けようとした」。「韓国側は『支援することなく』との表現を（非公開部分に）盛り込むことに同意した。

日本側は韓国側に対し、「性奴隷」との表現を使わないよう求め、韓国側は政府が使用する公式名称は「日本軍慰安婦被害者問題」だけであることを非公開部分で確認した。

ソウルの日本大使館前に設置された少女像について、日本側が具体的な移転計画を求めたのに対し、韓国側は「適切に解決するよう努力する」と応じ、「非公開部分で韓国側の少女像関連発言は公開部分の脈絡と違い、日本側の発言に対応する形になっている」、「少女像は民間団体の主導で設置されただけに、政府が関与して撤去することは難しいとしてきたにもかかわらず、韓国側は合意内容に盛り込んだ」、「このため、韓国政府が少女像の移転を約束しなかった意味が色あせた」。

・当時、韓国政府は公開した内容以外の合意事項について、少女像関連はないとし、挺対協の説得、第三国の追悼碑設置、性奴隷の表現と関連した非公開の内容があったことを隠していた。韓国側は交渉の初期から慰安婦被害者団体と関連した内容を非公開として受け入れたが、これは合意が被害者中心、国民中心ではなく、政府中心で行われたことを示している。

・非公開部分の内容は、「韓国政府が少女像を移転し、第三国で追悼碑を設置しないよう関与し、性奴隷の表現を使用しないよう約束したわけではないが、日本側がこうした問題に関与できる余地を残した」。

・合意で最も大きな議論を巻き起こした文言の一つである「不可逆的」との表現は韓国側が謝罪の不可逆性を強調するため先に言及したが、合意では当初の趣旨とは異なり、「解決」の不可逆性を意味するものになった。

・慰安婦被害者への対応に関しては、「交渉過程で被害者側に度々関連内容を説明したが、最終的かつ不可逆的な解決の確認、国際社会で非難・批判自粛など、韓国側がとる措置があることについては具体的に伝えなかった」。

・「金額（日本の被害者支援財団への拠出金一〇億円）についても被害者の意見を聴取しなかった」ことは「結果的に彼ら（被害者）の理解と同意を引き出すことに失敗した」。

・二〇一四年四月から始まった局長級協議のこう着状態を解決するため、同年末に高官級協議を並行推進することを決め、一五年二月から李丙ギ《イ・ビョンギ》国家情報院長と谷内正太郎国家安全保障局長が八回にわたって高官級協議を行い、二〇一五年四月の四回目の協議で暫定合意に達した。

・結論部分

「戦時の女性の人権について国際社会の規範として位置付けられた被害者中心のアプローチが慰安婦交渉過程で十分に反映されず、一般的な外交懸案のよう駆け引き交渉で合意が行われた」ものであり、「韓国政府は被害者が一人でも多く生存している間に問題を解決しなければならないとして協議に臨んだが、協議過程で被害者の意見を十分に聴かず、政府の立場を中心に合意を決着させた」。

「朴大統領は『慰安婦問題の進展のない首脳会談は不可能』と強調するなど、慰安婦問題を韓日関係全般とリンクさせたことで、むしろ関係を悪化させ、国際環境の変化を受けて『一五年内の交渉終結』の方針に変更し、政策の混乱を招いた」。

「大統領と交渉責任者、外交部の間の意思疎通が不十分だったため、政策方向が環境変化によって修正、補完されるシステムが作動しなかった」。

「慰安婦合意は政策決定過程で幅広い意見聴取と有機的な意思疎通、関連官庁間の適切な役割分担が必要であることを示す」。

この報告を受けて、韓国政府の次なる対応が注目される中、康京和《カン・ギョンファ》韓国外交部長官は、二〇一八年一月九日、次のような慰安婦問題合意に関する新方針を発表した（朝日新聞同月一〇日朝刊）。

一　韓国政府は慰安婦被害者の方々の名誉と尊厳の回復と心の傷の癒やしに向けてあらゆる努力を尽くす

二　この過程で、被害者や関係団体、国民の意見を幅広く反映しながら、被害者中心の措置を模索する。日本政府が拠出した「和解・癒やし財団」への基金一〇億円については韓国政府の予算で充当し、この基金の今後の処理方法は日本政府と協議する。財団の今後の運営に関しては、当該省庁で被害者や関連団体、国民の意見を幅広く反映しながら、後続措置を用意する

三　被害当事者たちの意思をきちんと反映していない二〇一五年の合意では、慰安婦問題を本当に解決することはできない

四　二〇一五年の合意が両国間の公式合意だったという事実は否定できない。韓国政府は合意に関して日本政府に再交渉は求めない。ただ、日本側が自ら、国際的な普遍基準によって真実をありのまま認め、被害者の名誉と尊厳の回復と心の傷の癒やしに向けた努力を続けてくれる

ことを期待する。被害者の女性が一様に願うのは、自発的で心がこもった謝罪である

五　韓国政府は、真実と原則に立脚して歴史問題を扱っていく。歴史問題を賢明に解決するための努力を傾けると同時に、両国間の未来志向的な協力のために努力していく

本日述べた内容が被害者の皆さんの思いをすべて満たすとは考えていない。この点について深くおわびを申し上げる。今後も政府は真摯《しんし》に被害者の皆さんの意見に耳を傾け、追加的な後続措置をまとめていく。

韓国政府のこの新方針は、当面、慰安婦問題合意を凍結し、日本政府の変化を待ちつつ、韓国政府として被害者のための追加的措置を検討するというものであり、苦渋の中から生み出されたものと言える。

しかし、日本政府は、韓国政府の苦渋の決断に意を用いることなく、これに直ちに居丈高な抗議で答えた。即ち、外務省の金杉憲治アジア大洋州局長が、同日午後、在日韓国大使館の李熙燮《イ・ヒソプ》公使を同省に呼んで抗議した。また抗議に先立ち、河野太郎外相は、外務省でのぶら下がり会見の中で、「この日韓合意は国と国との約束であり、たとえ政権が代わったからといっても責任をもって実施されなければならないというのが国際的かつ普遍的な原則であります。合意の着実な履行は国際社会に対する両国の責務でもあると認識をしております。二〇一五年のこの日韓合意で、慰安婦問題の『最終的かつ不可逆的』な解決を確認したにもかかわらず、韓国側が日本側に

対して更なる措置を求めるということは、我が国として全く受け入れることはできません」と反論した（『外交青書・白書』外務省ホームページ）。

日本政府は、韓国政府に問答無用とばかりに、厳しく合意の履行を迫ったのである。

2、二〇一八年一〇月三〇日韓国大法院判決（新日鉄住金大法院判決）

二〇一八年一〇月三〇日、韓国大法院全員合議体は、元徴用工対新日鉄住金事件について、元徴用工の損害賠償請求を認容した二〇一三年七月一〇日のソウル高等法院判決を支持し、新日鉄住金の上告を棄却する判決を下した（以下単に「新日鉄住金大法院判決」という）。実に、上告後五年以上経過し、しかも結論は先に見た二〇一一年八月三〇日の差し戻し判決を踏襲するものであったにもかかわらず全員合議体判決という異例のものであった（その経緯はついては既に述べたとおりであり、前大法院院長ら三名の大法官に関する職権乱用罪被告事件は、現在、ソウル中央地裁刑事部で公判審理中である）。

さてこの判決であるが、一四名の大法官のうち一名が関与していない。その理由は、情報不足のため断言はできないが、職権乱用事件で取り調べ対象となった中に現職大法官が一名含まれていたので、その大法官が回避したのかもしれない。よって一三名の大法官による全員合議体判決となったのであるが、元徴用工の損害賠償請求権が存続しているかどうかという争点に関する判断は七名の多数意見（三名の補充意見あり）、多数意見とは理由が異なるが結論を同じくする四名の個別意見、それと二名の反対意見が示されており、結論については一一名が賛同している。以下、これらを略述してみよう（判決書の邦訳は「法律事務所の資料棚アーカイブ」ホームページにアップされている）。

まず多数意見であるが、日韓請求権協定の締結経緯に照らし、同協定第二条*第一項（「請求権に関する問題は、サンフランシスコ条約第四条*(a)に規定されたものを含めて、完全かつ最終的に

＊日韓請求権協定第二条

1　両締約国は、両締約国及びその国民（法人を含む）の財産、権利及び利益並びに両締約国及びその国民の間の請求権に関する問題が、千九百五十一年九月八日にサンフランシスコ市で署名された日本国との平和条約第四条(a)に規定されたものを含めて、完全かつ最終的に解決されたこととなることを確認する。

2　この条の規定は、次のもの（この協定の署名の日までにそれぞれの締約国が執った特別の措置の対象となったものを除く）に影響を及ぼすものではない。

(a)一方の締約国の国民で千九百四十七年八月十五日からこの協定の署名の日までの間に他方の締約国に居住したことがあるものの財産、権利及び利益

(b)一方の締約国及びその国民の財産、権利及び利益あって千九百四十五年八月十五日以後における通常の接触の過程において取得され又は他方の締約国の管轄の下にはいったもの

3　2の規定に従うことを条件として、一方の締約国及びその国民の財産、権利及び利益であってこの協定の署名の日に他方の締約国の管轄の下にあるものに対する措置並びに一方の締約国及びその国民の他方の締約国及びその国民に対するすべての請求権であって同日以前に生じた事由に基づくものに関しては、いかなる主張もすることができないものとする。

＊サンフランシスコ平和条約第四条（抄）

(a)この条の(b)の規定を留保して、日本国及びその国民の財産で第二条に掲げる地域にあるもの並びに日本国及びその国民の請求権（債権を含む）で現にこれらの地域の施政を行っている当局及びそこの住民（法人を含む）に対するものの処理並びに日本国におけるこれらの当局及び住民の財産並びに日本国及びその国民に対するこれらの当局及び住民の請求権（債権を含む）の処理は、日本国とこれらの当局との間の特別取極の主題とする。第二条に掲げる地域にある連合国又はその国民の財産は、まだ返還されていない限り、施政を行っている当局が現状で返還しなければならない。（国民という語は、この条約で用いるときはいつでも、法人を含む）

(b)日本国は、第二条及び第三条に掲げる地域のいずれかにある合衆国軍政府により、又はその指令に従って行われた日本国及びその国民の財産の処理の効力を承認する。

解決されたこととなる」）の対象となるのは、サンフランシスコ条約第四条(a)の「日本の統治から離脱した地域（大韓民国もこれに該当）の施政当局およびその国民と日本および日本国民の間の財産上の債権・債務関係」のみであって、本件のごとき日本政府の朝鮮半島に対する不法な植民地支配および侵略戦争の遂行と直結した日本企業の反人道的な不法行為を前提とする強制動員被害者の日本企業に対する慰謝料請求権は、同条同項の対象とはならならず、元徴用工らの上記請求権は存続していると判断している。

多数意見は、請求権協定の締結経過とその前後の事情を整理しているが、指摘されている中で以下の事情は重要である。

①請求権協定調印直前の一九六五年三月二〇日に韓国政府が発行した「韓日会談白書」で、サンフランシスコ条約第四条が韓日間の請求権問題の基礎となったことが明示され、「上記四条の対日請求権は戦勝国の賠償請求権と区別される。韓国はサンフランシスコ条約の調印当事国ではないために、第一四条の規定によって戦勝国が享有する『損害および苦痛』に対する賠償請求権を認められなかった。このような韓日間の請求権問題には賠償請求を含ませることはできない」と説明されている。

②請求権協定第一条では「三億ドル無償提供、二億ドル借款（有償）の実行」を規定しているが、その具体的名目については何の記載もない。二億ドル借款については日本の海外経済協力基金に

より行われること、いずれも韓国の経済発展に有益なものでなければならないことが示されているのみである。請求権協定第二条で「請求権問題の解決」が確認されているが、上記の三億ドル無償提供及び二億ドル借款（有償）と何ら結びつけられておらず、第一条と第二条との間に法的な相互関係は存在しない。

多数意見と結論を同じくする個別意見は二つある。

一つは一名の大法官によるもので、これは訴訟手続き上の制約（前の大法院判決――差し戻し判決――が説示した法理に明白な誤謬があるとか、従前の大法院判決に反する内容がある場合に当たらない限り、その羈束力―拘束力―が再上告審にも及ぶが、差し戻し判決にはそのような誤謬もしくは問題はない）により、前の大法院判決（差し戻し判決）は維持されるべきだというものである（個別意見A）。

もう一つは、三名の大法官によるもので、日韓請求権協定第二条第一項で完全かつ最終的に解決された請求権に本件の如き損害賠償請求権も含まれるが、以下の理由で個人の請求権は消滅していないとするものである。

「このような協定を通じて国家が『外交的保護権（diplomatic protection）』、すなわち『自国民が外国で違法・不当な取り扱いを受けた場合、その国籍国が外交手続などを通じて外国政府に対して自国民の適当な保護や救済を求めることができる国際法上の権利』を放棄するだけでなく、個人の請求権までも完全に消滅させることができるというためには、少なくとも当該条約にこれに関する明確な根拠が必要であると言わねばならない。国家と個人が別個の法的主体であるという近代法の原理は国際法上も受け入れられているが、権利の『放棄』を認めようとするならその権利者の意思を厳格に解釈しなければならないという法律行為の解釈の一般原則によれば、個人の権利を国家が代わりに放棄する場合には、これをより厳しく解さなければならない」、「請求権協定での両国政府の意思は、個人請求権は放棄されないことを前提に政府間だけで請求権問題が解決されたことにしようというもの、すなわち外交的保護権に限定して放棄しようというものであったと見るのが妥当である」、「日本は請求権協定の直後、日本国内で大韓民国国民の日本国及びその国民に対する権利を消滅させる内容の財産権措置法を制定・施行した。こうした措置は請求権協定だけでは大韓民国国民個人の請求権が消滅していないことを前提とするとき初めて理解することができる。すなわち前記のように、請求権協定当時、日本は請求権協定を通じて個人請求権が消滅するのではなく国の外交的保護権のみが放棄されると見る立場であったことが明らかであり、協定の相手方である大韓民国もこのような事情を熟知していたと思われる」、「したがって両国の真の意思は外交的保護権のみ放棄されるという点で一致していたと見るのが合理的である」（個別意見B）。

反対意見は二名の大法官によるもので、以下のとおりである。

まず、上記の個別意見Bの本件の如き損害賠償請求権も日韓請求権協定第二条第一項で完全かつ最終的に解決された請求権に含まれるとした点については同意し、次に個別意見Bの外交的保護権のみ放棄されたとする点に反対するとし、後者の点について次のように述べる。

一九六九年に締結された「条約法に関するウィーン条約」第三一条に示された条約解釈の一般規則によると、「条約は前文及び附属書を含む条約文の文脈及び条約の対象と目的に照らしてその条約の文言に与えられる通常の意味に従って誠実に解釈しなければならない」。

日韓請求権協定の前文には「両国及びその国民の財産並びに両国及びその国民の間の請求権に関する問題を解決することを希望し」とあり、第二条第一項では「両締約国は、両締約国及びその国民（法人を含む）の財産、権利及び利益並びに両締約国及びその国民の間の請求権に関する問題が…平和条約第四条(a)に規定されたものを含めて、完全かつ最終的に解決されたこととなることを確認する」と規定しており、第二条第三項では「……一方の締約国及びその国民の他方の締約国及びその国民に対するすべての請求権であって……いかなる主張もすることができないものとする」と規定している。また同請求権協定の合意議事録（Ｉ）では請求権協定第二条について「同条一にいう完全かつ最終的に解決されたこととなる両国及びその国民の財産、権利及び利益並びに両国及びその国民の間の請求権に関する問題には、韓日会談において韓国側から提出された『韓国の対日請求要綱』(いわゆる八項目)の範囲に属するすべての請求が含まれており、したがって、同対日請求要綱に関しては、いかなる主張もなしえないこととなることが確認された」と規定し、対日請求要綱八項目の中には「被徴用韓国人の未収金、補償金およびその他の請求権の弁済請求」が含まれている。

よって日韓請求権第二条は大韓民国の国民と日本の国民の相手方の国とその国民に対する請求権まで対象としていることが明らかであり、両締約国が相互に外交的保護権を放棄するだけの内容の条約であるとは解しがたい。

もっとも日本は請求権協定締結後、請求権協定で両締約国の国民の個人請求権が消滅するのではなく両締約国が外交的保護権のみを放棄したものであるという立場をとってきた。これは日本政府が自国の国民に対する補償義務を回避するためにとった解釈であった。一方韓国は、その後の国内での保障措置に照らすと、強制徴用被害者の個人請求権も消滅するか、少なくともその行使が制限されるという立場をとっていたことが認められる。協定締結当時の両国の真の意思が外交的保護権のみ放棄するということで一致していたわけでもない。

以上により、韓国の国民が日本及び日本国民に対して有する個人請求権は日韓請求権協定によって直ちに消滅したり放棄されたりしたわけでないが、訴訟によってこれを行使することは制限されることとなった。請求権をもはや行使できなくなることによって被害を受けた国民に、今からでも国家は正当な補償を行うべきである。

三名の大法官から成る補充意見は、反対意見が依拠したウィーン条約第三一条に基づいて、多数意見を補強したものであり、反対意見への反論を呈示している。特に以下の部分は重要な指摘であり、熟読玩味する価値がある。

まず請求権協定第二条でサンフランシスコ条約第四条(a)に明示的に言及しているから、サンフランシスコ条約第四条が請求権協定の基礎になったことには特に疑問がない。すなわち請求権協定は基本的にサンフランシスコ条約第四条(a)にいう「日本の統治から離脱した地域（大韓民国もこれに該当）の施政当局・国民と日本・日本国民の間の財産上の債権・債務関係」を解決するためのものである。ところで、このような「債権・債務関係」は日本の植民地支配の不法性を前提とするものではなく、そのような不法行為に関する損害賠償請求権が含まれたものでもない。特にサンフランシスコ条約第四条(a)では「財産上の債権・債務関係」について定めているので、精神的損害賠償請求権が含まれる余地はないと見るべきである。

サンフランシスコ条約を基礎として開かれた第一次韓日会談において韓国側が提示した八項目

は次のとおりである。

①一九〇九年から一九四五年までの間に日本が朝鮮銀行を通じて大韓民国から搬出した地金及び地銀の返還請求、②一九四五年八月九日現在及びその後の日本の対朝鮮総督府債務の弁済請求、③一九四五年八月九日以降に大韓民国にから振替または送金された金員の返還請求、④一九四五年八月九日現在大韓民国に本店、本社または主たる事務所がある法人の在日財産の返還請求、⑤大韓民国法人または大韓民国自然人の日本銀行券、被徴用韓国人の未収金、補償金およびその他の請求権の弁済請求、⑥韓国人の日本国または日本人に対する請求であって上記①ないし⑤に含まれていないものは韓日会談の成立後、個別に行使することができることを認めること、⑦前記の各財産または請求権から発生した各果実の返還請求、⑧前記返還と決済は協定成立後 直ちに開始し遅くとも六ヶ月以内に完了すること。

右記八項目に明示的に列挙されたものはすべて財産に関するものである。したがって右記⑤で列挙されたものも、例えば徴用による労働の対価として支払われる賃金などの財産上の請求権に限定されたものであり、不法な強制徴用による慰謝料請求権まで含まれると解することはできない。その上ここに言う「徴用」が国民徴用令による徴用のみを意味するのか、それとも原告らのように募集方式または官斡旋方式で行われた強制動員まで含まれるのかも明らかではない。また⑤は「補償金」という用語を使用しているが、これは徴用が適法であるという前提で使用した用語であり、不法性を前提とした慰謝料が含まれないことが明らかである。当時の大韓民国と日本の法制では「補償」は適法な行為に起因する損失を填補するものであり、「賠償」は不法行為による損害を填補するものとして明確に区別して使用していた。請求権協定の直前に大韓民国政府が発行した「韓日会談白書」も「賠償請求は請求権問題に含まれない」と説明した。「その他」という用語も前に列挙したものと類似した付随的なものと解するべきであるから、強制動員慰謝料請求権が含まれるとするのは行き過ぎた解釈である。

請求権協定の合意議事録（Ⅰ）では、八項目の範囲に属するすべての請求が請求権協定で完全かつ最終的に「解決されるものとされる」請求権に含まれると規定しているが、前記のように右記⑤「被徴用韓国人の未収金、補償金及びその他の請求権の弁済請求」が日本の植民支配の不法性を前提としたものと解することができないから、強制動員慰謝料請求権がこれに含まれると解することもできない。

結局、請求権協定、請求権協定に関する合意議事録（Ⅰ）の文脈、請求権協定の目的などに照らして請求権協定の文言に現れた通常の意味に従って解釈すれば、請求権協定にいう「請求権」に強制動員慰謝料請求権まで含まれるとは言いがたい。

以上、やや長くなったが新日鉄大法院判決を整理してみた。日本の最高裁では、上告を棄却する場合には、通例、三行半《みくだりはん》と呼ばれる定型の短い文章の決定でなされるのであるが、この判決は、少数意見も含めて緻密な事実認定と法律構成を戦わせた上でのレベルの高い判決であることが読み取れよう。私が注目するのは、多数意見に附せられた三名の補充意見の上記引用部分である。後に述べる柳井俊二外務省条約局長答弁に見られるように、これはかつて公にしてきた日本政府の見解と同趣旨なのである。

3、日韓関係カタストロフへの一本道

韓国で新日鉄住金大法院判決がなされた二〇一八年一〇月三〇日には、わが国では、第一九七臨時国会の会期中で、衆議院本会議が行われていた。同日午前、安倍首相は、いまだその判決がマスメディアの報道で速報されたに過ぎない段階で、質問者の馬場伸幸議員の「冒頭、通告をしておりませんが、先ほど速報で、韓国の大法院において、新日鉄住金に対し、戦時中の徴用工への賠償金支払いを求める判決が出ました。本件について、総理の見解をまずお尋ねいたします」

との質問を受け、「本件は一九六五（昭和四〇）年の日韓請求権協定で完全かつ最終的に解決している。今般の判決は国際法に照らしてあり得ない判断だ。日本政府としては毅然と対応する」と答弁した（第一九七国会衆議院本会議議事録）。

安倍首相は、新日鉄住金大法院判決を読んで検討したうえで見解を示したのではなく、マスメディアの速報で結論のみを知った質問者の口を通じて、その結論をまた聞きしただけで、「国際法違反の判断」などと断じて、「日本政府としては毅然と対応する」と言ってしまったのである。

そのあと安倍首相は、同日の首相官邸での記者会見でも「本件については、一九六五年の日韓請求権協定によって完全かつ最終的に解決しています。今般の判決は国際法に照らしてあり得ない判断であります。日本政府としては毅然《きぜん》と対応してまいります」と同じ発言を繰り返した（首相官邸ホームページ）。

これは他国の司法府の判断について、関係国の行政府の長として、その結論だけではなくどのような理由でその結論をもたらしたのか十分に検討した上で見解を表明するという最低限の国際礼儀と見識を欠いていると言わざるを得ない。

これに平仄を合わせるようにして河野外相が動き出す。河野外相は、当日、午後四時すぎ、李《イ》洙勲《スフン》駐日韓国大使を外務省に呼び、「判決は、請求権の問題を完全かつ最終的に終わらせている日韓請求権協定に明らかに違反しているばかりか、日本企業に不当な不利益を負わせ、一九六五年の国交正常化以来築いてきた両国の友好関係の法的基盤を根本から覆すものだ。法の支配が貫徹されている国際社会の常識では、考えられない」と抗議した（二〇一六年一〇月三〇日「ＮＨＫ政治マガジン」）。あわせて同日、記者会見で、以下の談話を発表した（外務省ホームページ）。

一　日韓両国は、一九六五年の国交正常化の際に締結された日韓基本条約及びその関連協定の基礎の上に、緊密な友好協力関係を築いてきました。その中核である日韓請求権協定は、日本から韓国に対して、無償三億ドル、有償二億ドルの資金協力を約束する（第一条）とともに、両締約国及びその国民（法人を含む）の財産、権利及び利益並びに両締約国及びその国民の間の請求権に関する問題は「完全かつ最終的に解決」されており、いかなる主張もすることはできない（第二条）ことを定めており、これまでの日韓関係の基礎となってきました。

二　それにもかかわらず、本三〇日、大韓民国大法院が、新日鐵住金株式会社に対し、損害賠償の支払等を命じる判決を確定させました。この判決は、日韓請求権協定第二条に明らかに反し、日本企業に対し不当な不利益を負わせるものであるばかりか、一九六五年の国交正常化以来築いてきた日韓の友好協力関係の法的基盤を根本から覆すものであって、極めて遺憾であり、断じて受け入れることはできません。

三　日本としては、大韓民国に対し、日本の上記の立場を改めて伝達するとともに、大韓民国が直ちに国際法違反の状態を是正することを含め、適切な措置を講ずることを強く求めます。

（以下略）

河野外相の抗議と談話は、さすがに結論を口頭で聞いただけでの幼児的条件反射ではなかったかもしれないが、新日鉄住金大法院判決をきちんと読み、十分に検討を加えた上での見解表明とは到底考えられない。何故なら、同判決には、既に述べたように、河野外相が右談話一で述べるところと結論を同じくする大法官二名の少数意見が付されており、合議でこれも俎上に上げて検討された上での判断であるからだ。軽々に「大韓民国が直ちに国際法違反の状態を是正することを含め、適切な措置を講ずること強く求める」などと論難するようなことがあってはならない。

少なくとも河野外相は、「日本政府としては、受け入れがたいところである。韓国政府と善後策を協議して行きたい」にとどめるべきであった。一国の外交の責任者として、意に染まない他国の司法判断がなされたときに示されるべき最低限のモラルを投げ捨ててはならないと私は思う。

しかしながら、安倍首相や河野外相の、このような発言は、新聞では右派と考えられる「産経」、「読売」をはじめ、比較的リベラルと考えられる「朝日」、「毎日」でも、またＮＨＫをはじめ各テレビ局の流す報道番組で、無批判に垂れ流され、国民多数の賛同を受けるという結果を示してしまった。過去二〇年以上にわたる慰安婦問題などいわゆる戦後処理をめぐる問題が繰り返し議論される中で、右派政治家、右派メディアや右派言論人の言説と執拗な画策で、マスメディアの状況も、国民世論も、大きく変化し、対韓強硬姿勢を容易に受け入れる素地ができていたのだろう。

これ以後、政府は、ますます強硬姿勢を打ち出し、韓国政府を追い詰めて行くことになる。政府の対韓強硬姿勢は、内閣支持率をアップさせ、各種選挙で、政府与党に有利に働くことが次々と実証されていく。いわば嫌韓バブルとでもいうべき事態の下で、日韓関係カタストロフへの一本道が敷かれてしまった。

第五章
日韓請求権協定に基づく協議等

1、事実経過

さて、その後の日韓政府間のやりとりのうち、その主要な局面である日韓請求権協定第三条*所定の外交上の経路を通じて解決するものとする。

*日韓請求権協定第三条

1　この協定の解釈及び実施に関する両締約国の紛争は、まず、外交上の経路を通じて解決するものとする。

2　1の規定により解決することができなかつた紛争は、いずれか一方の締約国の政府が他方の締約国の政府から紛争の仲裁を要請する公文を受領した日から三十日の期間内に各締約国政府が任命する各一人の仲裁委員と、こうして選定された二人の仲裁委員が当該期間の後の三十日の期間内に合意する第三の仲裁委員又は当該期間内にその二人の仲裁委員が合意する第三国の政府が指名する第三の仲裁委員との三人の仲裁委員からなる仲裁委員会に決定のため付託するものとする。ただし、第三の仲裁委員は、両締約国のうちいずれかの国民であってはならない。

3　いずれか一方の締約国の政府が当該期間内に仲裁委員を任命しなかつたとき、又は第三の仲裁委員若しくは第三国について当該期間内に合意されなかつたときは、仲裁委員会は、両締約国政府のそれぞれが三十日の期間内に選定する国の政府が指名する各一人の仲裁委員とそれらの政府が協議により決定する第三国の政府が指名する第三の仲裁委員をもつて構成されるものとする。（4は略）

定の協議、仲裁付託手続きをめぐって展開されたやりとりの経過をざっと見ておくことにする。

日本政府（外務省）は、二〇一九年一月九日、韓国政府に対し、日韓請求権協定第三条第一項に基づく協議要請をした。このときのプレスリリースは以下のとおり（外務省ホームページ）。

一 （新日鉄住金大法院判決とそれに引き続く二〇一八年一一月二九日に出された元徴用工の三菱重工に対する損害賠償請求を認容する大法院判決を挙げて）大法院判決は、日韓請求権協定第二条に明らかに反するものです。このため、これまで、日本政府は、韓国政府に対し、国際法違反の状態を是正することを含め、適切な措置を講ずることを求め、韓国政府の対応を見極めてきたところですが、現在に至るまで具体的な措置はとられていません。このような中で、本九日午後、原告側による日本企業の財産差押手続の申請が認められた旨の通知がなされたことが確認されました。

二 旧朝鮮半島出身労働者問題については、日韓両国間に、日韓請求権協定の解釈及び実施に関する紛争が存在することは明らかであり、上記一の状況も踏まえ、本九日午後、関係閣僚間の打ち合わせで確認したとおり、秋葉剛男外務事務次官が李洙勲《イ・スフン》在京韓国大使を召致し、同協定第三条一に基づく協議を要請しました。

しかし、韓国政府にとっては、政府間の話し合いには応じることはできても、このように課題設定された協議要請には応じられない。当該大法院判決は司法の判断であり、その是正を求める趣旨の協議に応じることは三権分立を侵すことになるからだ。

だから文大統領は、翌日、年頭の記者会見で、「日本を含む先進国と同じように韓国にも三権分立があり、韓国政府は司法判断を尊重する必要がある。日本は韓国司法府の判断に不満を表明することはできるが、基本的にどうすることもできない部分があると認識してもらいたい」、「被害者たちの苦しみを癒やすために、日韓両国がどう解決していくのか、知恵を集めていくべきだ」、「政治的な争いととらえ、未来志向的な関係まで壊そうとするのは望ましくない」、「両国の知恵を合わせて解決しようと考えているが、日本の政治指導者たちが政治争点化し、問題を拡散するのは賢明な態度ではない」と述べ、婉曲的に、この日韓協定第三条第一項に基づいてなされた、日本政府の意図する内容の協議要請を拒否したのである（同月一一日毎日新聞朝刊）。

日本政府（外務省）は、同年五月二〇日、日韓両国外相会談などを通じて、協議に応じるよう再三にわたって求めてきたが、韓国政府はこれに応じなかったとして、日韓請求権協定第三条第二項に基づく仲裁付託を申し入れるに至った。このときのプレスリリースは以下のとおりである

（外務省ホームページ）。

一　昨年の一連の大法院判決以降、旧朝鮮半島出身労働者の問題に関し、日本政府は、韓国政府に対し、国際法違反の状態を是正することを含め、適切な措置を講ずることを強く求めてきました。しかしながら、現在のところ具体的な措置がとられる見込みはありません。

二　一月九日に日韓請求権協定に基づく協議を要請してから四か月以上経過し、その間、累次にわたる我が国からの求めにもかかわらず、韓国政府は協議に応じませんでした。

三　さらに、原告側による日本企業の資産差押えの動きが進んでいる中、五月一日には売却申請を申し立てた旨の発表が行われました。

四　日本政府として、このような事情を総合的に勘案し、協定に基づく協議によっては、本件を解決することができなかったものと判断し、本二〇日午前、協定に基づく仲裁付託を韓国側に通告しました。韓国政府は、仲裁に応じる協定上の義務を負っており、日本政府として、仲裁に応じるよう強く求めます。

韓国政府は、既に述べた理由で、日韓請求協定第三条二項、三項所定の手続きには応じず、仲裁付託は成立しなかった。

河野外相は、同年七月一九日、仲裁付託が成立しなかったとし、「大韓民国による日韓請求権協定に基づく仲裁に応じる義務の不履行について」として、以下のとおりの談話を発表した（外務省ホームページ。なお仲裁付託通告は五月二〇日になされたので、上記手続き期間は、七月一九日で満了する）。

（一、二　略）

三　我が国は、国際社会における法の支配を長く重視してきています。国家は国内事情のいかんを問わず国際法に基づくコミットメントを守ることが重要であるとの強い信念の下、昨年の韓国大法院の判決並びに関連の判決及び手続により韓国が国際法違反の状態にあるとの問題を解決する最初の一歩として、本年一月九日に日韓請求権協定に基づく韓国政府との協議を要請しました。

四　しかしながら、韓国政府がこの協議の要請に応じず、また、韓国大法院判決の執行のための原告による日本企業の財産差押手続が進む中、何らの行動もとらなかったことから、五月二〇日に韓国政府に対し、日韓請求権協定第三条二に基づく仲裁付託を通告し、仲裁の手続を進めてきました。しかしながら、韓国政府が仲裁委員を任命する義務に加えて、締約国に代わって仲裁委員を指名する第三国を選定する義務についても、同協定に規定された期間内に履行せず、日韓請求権協定第三条の手続に従いませんでした。
五 このことにより五月二〇日に付託した日韓請求権協定に基づく仲裁委員会を設置することができなかったことは、極めて遺憾です。
六 昨年の一連の韓国大法院判決並びに関連の判決及び手続による日韓請求権協定違反に加え、今般、同協定上の紛争解決手続である仲裁に応じなかったことは、韓国によって更なる協定違反が行われたことを意味します。
七 日本政府としては、こうした状況を含め、韓国側によって引き起こされた厳しい日韓関係の現状に鑑み、韓国に対し、必要な措置を講じていく考えです。
八 本件の解決には、韓国が度重なる国際法違反の状態を是正することが必要であり、韓国に対し、そのための具体的な措置を直ちに講ずるよう、改めて強く求めます。

以上のとおり、韓国政府は、日本政府の要求する内容の日韓請求権協定に第三条第一項に基づく協議、及び同条第二項、三項に基づく仲裁付託手続きには応じなかった。しかし、韓国政府は、何も応答しなかったわけではなく、対案を提示し、日本政府がこれを拒絶した経緯があることが明らかとなっている。

即ち、上記外相談話と同時に公表した外務省「旧朝鮮半島出身労働者問題をめぐるこれまでの経緯と日本政府の立場（ファクトシート）」には、「六月一九日に韓国政府は、（1）『日韓両国の企業が自発的な拠出金により財源を造成し、確定判決の被害者らに慰謝料の該当額を支給することにより、当事者間の和解がされることが望ましい』、（2）『日本側がこのような内容を受け入れる場合、日本政府が要請した……協定第三条一の協議手続の受入れを検討する用意がある』旨の提案を発表した。これに対し、日本政府としては、この韓国政府の提案について、韓国の国際法違反の状態を是正することにはならず、この問題の解決策にはならない、また、日本政府としては、韓国政府に対し、協定上の義務に従い仲裁に応じるよう求める立場に変わりはないとして、同提案を拒否した」との事実が記載されているのである。

以上、主として事実経過をおさえてみた。以下に問題点を順次指摘して行くこととするが、上記の経過を見ただけで、問題点がすぐに思い浮かぶ方はなかなか鋭い政治・国際感覚の持ち主だ。

2、日韓請求権協定に基づく協議等——問題点

私は、上述の協議要請・仲裁付託通告（以下「協議要請等」という）及び日本政府の対応について、四つの問題点を指摘したい。第一は、他国政府に三権分立を無視し、司法判断の是正を求め

るという近代民主主義国家の統治構造を破壊する要求を掲げたこと。第二は、極めて一面的で硬直した見解をおしつけようとするものであったこと。第三は、わが国の政治日程をにらんだスケジュール闘争であったこと。第四には、その態様が侮辱的で、外交的・国際的儀礼を欠くものであったこと。

（1）三権分立を無視し、統治構造の破壊を求める要求

三権分立は、イギリス市民革命において絶対王政の王権を制限しようとしたことに始まり、フランスの啓蒙思想家モンテスキューが『法の精神』で説いたものであるが、一七八七年のアメリカ合衆国憲法において制度化され、一七八九年のフランス人権宣言がその第一六条で、「権利の保障が確保されず、権力の分立が定められていないすべての社会は、憲法をもたない」と宣言して以後、近代立憲主義・民主主義国家において不可欠な統治構造として普遍化した。

三権分立の目的は、国家の統治権を、立法、行政、司法に分属させ、これらの各統治部門のチェック・アンド・バランスを図ることにあるとされるが、その核となる概念は、政府の暴走を議会により統制することと、司法の独立により、政府の暴走と議会の多数決原理を抑制し、国民の権利・自由を守るという立憲主義である。

わが国では、真の立憲主義とは言えないという意味で外見的立憲主義と称されるにせよ、明治憲法が一八八九年二月に制定・公布されたのが立憲主義への第一歩とされる。その明治憲法制定時に、これを審議した枢密院において、皇室典範、明治憲法と順次審議が終わり、一八八八年九月には、引き続いて憲法附属法の『議院法』の審議が行われた。

審議・確定された『議院法』の第七〇条は「各議院は司法及び行政裁判所に干与する請願を受くることを得ず」であるが、その審議において、副島種臣顧問官が「裁判に干与する請願を受けざるの理由如何」と質問したのに対し、議長の伊藤博文は「各国その制を同じくせずと雖も議院に於て裁判権に迄も干渉する国は極めて稀なるべし議院の職掌は専ら立法にあり而して司法権は各国之に独立の位置を保たしめて政府と雖も之に干渉するを得ざるものとす故に本条に於ては議院より干渉するの道をも鎖したるなり……」と答えた（原文の片仮名表記を平仮名に変えた――筆者。稲田正次『明治憲法成立史（下巻）』有斐閣）。

近代日本の草創期において、外見的立憲主義の明治憲法を制定したときでさえ、時の最高権力者・伊藤博文は、司法の独立、行政機関は勿論、立法機関も裁判に介入してならないことを堂々と述べている。一方、既述の安倍政権による協議要請等は、韓国大法院の判決を国際法に違反すると断じ、韓国政府にひたすらその是正を求めることを内容としている。立憲主義に立ち、明確に三権分立を定める日本国憲法の下において、現在の政府は、三権分立を軽視してやまない。

勿論、韓国の現行憲法である第六共和制憲法は、その第一条で「大韓民国は民主共和国である。大韓民国の主権は国民にあり、全ての権力は国民から出て来る」と謳い、三権分立を定めている。従って、文大統領が、新日鉄大法院判決後に、これを国際法違反と断じ、韓国政府にその是正を求めた安倍首相や河野外相の発言を念頭において、前述のとおり「日本を含む先進国と同じように韓国にも三権分立があり、韓国政府は司法判断を尊重する必要がある。日本は韓国司法府の判断に不満を表明することはできるが、基本的にどうすることもできない部分があると認識してもらいたい」とくぎを刺したのは当然のことであった。

上記協議要請等は、これを歯牙にもかけず、徹頭徹尾無視するものであった。

このような三権分立無視の要求が、外国に向けられるとき、それは一種の大国主義的専横以外の何者でもなく、とりわけ日本の植民地支配を経験した韓国の人々にとっては、植民地時代の宗主国の残影として捉えられることになるのは必定であろう。

専門家の中には、一部に、韓国政府が司法の独立を尊重する姿勢をとったことを非難し、日本政府が司法の独立を侵害する要求を行っていることを全く無視する人がいる。たとえば小此木政夫慶応大学名誉教授は、「韓国司法の『独走』が発端だ」とか、「文政権が三権分立を理由にして八か月間日本側との協議や仲裁委員会の設置に応じなかった」などと韓国政府を非難している

（二〇一九年八月三一日付朝日新聞「オピニオン欄」）。

残念ながら、こうした意見は、事実と道理から目をそむけ、目下の政治状況をゲーム感覚でながめ、印象判断をしているに過ぎないように思われる。

（2）極めて一面的で硬直した見解の押し付け

政府見解の変更

前出の七月一九日の外務省が公表したファクトシートによれば、六月一九日に韓国政府は、「（1）『日韓両国の企業が自発的な拠出金により財源を造成し、確定判決の被害者らに慰謝料の該当額を支給することにより、当事者間の和解がされることが望ましい』、（2）『日本側がこのような内容を受け入れる場合、日本政府が要請した……協定第三条一の協議手続の受入れを検討する用意がある』」旨の提案を発表したとのことである。そうであれば、韓国政府は、日韓請求権協定第三条第一項に基づく協議を拒否したわけではない。にもかかわらず自らの要求する内容の協議でなければ駄目だとして、協議に入ることを拒否したのは日本政府であったということになる。

日本政府は、協議要請等において（あるいはそれ以外の場面でもことあるごとに）、新日鉄住金大法院判決（及びそれに引き続く三菱重工大法院判決）を国際法違反と断じ、ひたすらその是正を求めることを要求し続けているのであるが、それは、徴用工の日本企業に対する損害賠償請求権は、日韓請求権協定第二条第三項にいう「請求権」にあたるから、「いかなる主張もすることができない」こととなり、第一項により「完全かつ最終的に解決された」ことが確認されていることを理由とするものである。

しかし、この点に関する日本政府の主張は、決して一貫したものではなく、さかのぼって検討すると、実は、以下のように変遷をしているのである。

①第一二一回国会参議院予算委員会（一九九一年八月二七日）柳井俊二外務省条約局長答弁（第一二一国会参議院予算委議事録）

……いわゆる日韓請求権協定におきまして両国間の請求権の問題は最終かつ完全に解決したわけでございます。

その意味するところでございますが、日韓両国間において存在しておりましたそれぞれの国民の請求権を含めて解決したということでございますけれども、これは日韓両国が国家として持っております外交保護権を相互に放棄したということでございます。したがいまして、いわゆる個人の請求権そのものを国内法的な意味で消滅させたというものではございません。日韓両国間で政府としてこれを外交保護権の行使として取り上げることはできない、こういう意味でございます。

②第一二二回国会参議院予算委員会（一九九一年一二月一三日）同局長答弁（第一二二国会参議院予算委議事録）

御承知のように、昭和四十年の日韓請求権・経済協力協定の二条一項におきましては、日韓両国及び両国国民間の財産・請求権の問題が完全かつ最終的に解決したことを確認しておりまして、またその第三項におきましては、いわゆる請求権放棄についても規定しているわけでございます。これらの規定は、両国国民間の財産・請求権問題につきましては、日韓両国が国家として有している外交保護権を相互に放棄したことを確認するものでございまして、いわゆる個人の財産・請求権そのものを国内法的な意味で消滅させるものではないということは今までも御答弁申し上げたとおりでございます。これはいわゆる条約上の処理の問題でございます。また、日韓のみならず、ほかの国との関係におきましても同様の処理を条約上行ったということは御案内のとおりでございます。

他方、日韓の協定におきましては、その二条三項におきまして、一方の締約国及びその国民の財産、権利及び利益であって同協定の署名の日に他方の締約国の管轄のもとにあるものに対してとられる措置につきましては、今後いかなる主張もなし得ないというふうに規定しております。この規定を受けまして、我が国は、韓国及び韓国国民のこのような財産、権利及び利益、これはいわゆる法律上の根拠ある実体的権利であるというふうに両国間で了解されておりますが、そのようなものにつきまして国内法を制定いたしまして処理したわけでございます。その法律におきましては、韓国または韓国国民の日本国または日本国国民に対する一定の財産権を消滅させる措置をとっているわけでございます。

なお、いわゆる請求権という用語はいろいろな条約でいろいろな意味に使われておりますが、この日韓の請求権・経済協力協定における請求権と申しますものは、実体的な権利でない、いわゆるクレームとよく言っておりますが、そのようなクレームを提起する地位を意味するものでございますので、当時国内法で特に処理する問題がなくしたがって国内法を制定することはしなかったわけでございます。ただ、これはいわゆる請求権の問題が未処理であるということではございません。

以上にかんがみまして、このようないわゆるクレームの問題に関しましては、個人がこのようなクレームについて何らかの主張をなし、あるいは裁判所に訴えを提起するということまでも妨げるものではないわけでございますが、先ほどアジア局長からも答弁申し上げましたように、国家間の問題としては外交的には取り上げることはできないということでございます。

①は韓国人からのいわゆる戦後補償と言われる損害賠償請求権全般について問われて答えたもの、②はそのうち従軍慰安婦の損害賠償請求権について問われて答えたものである。これらを普通に理解力ある人が読めば、その意味を取り違えることはまずないだろう。

柳井局長の述べるところは、要するに、日韓請求権協定第二条第一項、第三項で、日韓間の財産権・権利・利益及び請求権を相互に放棄し、完全かつ最終的に解決したものとするとの趣旨は、国家間の問題として外交的にとりあげることはできないということ、即ち外交保護権を行使することはできないということであり、締約国の国民自身が相手国や相手国の企業や個人に請求し、訴訟を提起することは何ら妨げられるものではないということである。

なお、②では、日韓請求権協定批准とともに制定された「大韓民国等の財産権に関する措置法」を念頭に置いた説明がなされている。同法は、日韓請求権協定第二条第三項で放棄した韓国もしくは韓国の国民（法人を含む）の財産・権利・利益及び請求権のうち財産権・権利・利益——柳井局長はこれらを実体的権利と言っているのであるが、その意味は契約や法令によりその存在が認められる具体的権利ということである——については、これらを消滅したものとすると定めている。これにより韓国もしくは韓国国民の財産・権利・利益は、わが国においては、もはや消滅したものとして取り扱われる。しかし慰安婦や徴用工の損害賠償請求権の如き未確定の請求権——柳井局長はクレームと表現している——については消滅しておらず、裁判所に訴えを提起するということも妨げられるものではないとされているのである。

この柳井局長の答弁で示された政府見解によれば、当該大法院判決は何ら日韓請求権協定に反するものではなく、国際法違反などという論難はあたらないことにある。

ところが、その後、中国、韓国の人々からの戦後補償を求める訴訟が相次いで提起され、一部に原告側の請求が認容される判決が出されるという状況の中で、柳井局長答弁に示された見解を変更する内容の主張が逐次なされるようになる。しかし、それらは個別訴訟の中での訴訟上の主張であったから、国民に広く知られるところとはなっていなかった(五十嵐正博『日本の「戦後補償裁判」と国際法』国際法外交雑誌一〇五巻一号はその経過を論じている)。

訴訟外で、政府自身が文書をもってその見解を公に明示したのは新日鉄大法院判決後の一一月二〇日のことである。即ち、立憲民主党初鹿明博衆議院議員の質問に対する政府答弁書で、以下のように答弁したのである。

大韓民国(以下「韓国」という)との間においては、財産及び請求権に関する問題の解決並びに経済協力に関する日本国と大韓民国との間の協定(昭和四〇年条約第二七号。以下「日韓請求権協定」という)第二条一において、両締約国及びその国民(法人を含む)の間の請求権に関する問題が、完全かつ最終的に解決されたこととなることを確認し、また、同条三において、一方の締約国及びその国民の他方の締約国及びその国民に対する全ての請求権であって日韓請求権協定の署名の日以前に生じた事由に基づくものに関しては、いかなる主張もすることができないものとしている。

御指摘の平成三年八月二七日及び同年一二月一三日の参議院予算委員会における柳井俊二外務省条約局長（当時）の答弁は、日韓請求権協定による我が国及び韓国並びにその国民の間の財産、権利及び利益並びに請求権の問題の解決について、国際法上の概念である外交的保護権の観点から説明したものであり、また、韓国との間の個人の請求権の問題については、先に述べた日韓請求権協定の規定がそれぞれの締約国内で適用されることにより、一方の締約国の国民の請求権に基づく請求に応ずべき他方の締約国及びその国民の法律上の義務が消滅し、その結果救済が拒否されることから、法的に解決済みとなっている。このような政府の見解は、一貫したものである。

この政府答弁書では、一〇月三〇日の安倍首相発言と河野外相談話・抗議と符節をあわせるものとなっている。政府の見解は一貫しており、柳井局長答弁との矛盾はないと言い繕ってはいるものの、これを変更していることは一目瞭然である。

このようにして日本政府は、従来の見解を変更までして退路を断ち、徴用工の日本企業に対する損害賠償請求権は、日韓請求権協定第二条で消滅していること、それは「完全かつ最終的に解決された」ことを高言して、当該大法院判決は国際法違反であり、韓国政府はこれを是正しなければならないとしゃにむに突進を続けることになったのである。

最高裁判決

ではこの問題について日本の最高裁判所はどのように判断しているのであろうか。直接韓国人徴用工の損害賠償請求に対する判断を示したものではないが、参考になる判例が二つある。いずれも二〇〇七年四月二七日に言い渡されたものである（判決書の写しは「法律事務所の資料棚アーカイブ」ホームページにアップされている）。

①第二小法廷（中川了滋裁判長）判決

西松建設事件と通称されている事件で、強制連行され広島県内で過酷な労働をさせられた中国人と遺族五人が西松建設に損害賠償を求めたものである。

（判旨）サンフランシスコ平和条約の枠組みにおける請求権放棄の趣旨が、上記のように請求権の問題を事後的個別的な民事裁判上の権利行使による解決にゆだねるのを避けるという点にあることにかんがみると、ここでいう請求権の「放棄」とは、請求権を実体的に消滅させることまでを意味するものではなく、当該請求権に基づいて裁判上訴求する権能を失わせるにとどまるものと解するのが相当である。したがって、サンフランシスコ平和条約の枠組みによって、戦争の遂行中に生じたすべての請求権の放棄が行われても、個別具体的な請求権について、その内容等にかんがみ、債務者側において任意の自発的な対応をすることは妨げられないものというべきであり、サンフランシスコ平和条約一四条(b)の解釈をめぐって、吉田茂内閣総理大臣が、オランダ王国代表スティッカー外務大臣に対する書簡において、上記のような自発的な対応の可能性を表明していることは公知の事実である。

日中戦争の遂行中に生じた中華人民共和国の国民の日本国又はその国民若しくは法人に対する請求権は、日中共同声明五項によって、裁判上訴求する権能を失ったというべきであり、そのような請求権に基づく裁判上の請求に対し、同項に基づく請求権放棄の抗弁が主張されたときは、当該請求は棄却を免れないこととなる。

本訴請求は、日中戦争の遂行中に生じた中国人労働者の強制連行及び強制労働に係る安全配慮義務違反等を理由とする損害賠償請求であり、前記事実関係にかんがみて本件被害者らの被った精神的・肉体的な苦痛は極めて大きなものであったと認められるが、日中共同声明五項に基づく請求権放棄の対象となるといわざるを得ず、自発的な対応の余地があるとしても、裁判上訴求することは認められないというべきである。したがって、請求権放棄をいう上告人の抗弁は理由があり、以上と異なる原審の判断には判決に影響を及ぼすことが明らかな法令の違反がある。論旨は理由があり、原判決は破棄を免れない。そして、以上説示したところによれば、その余の点について判断するまでもなく、被上告人らの請求は理由がないというべきであり、これを棄却した第一審判決は結論において正当であるから、被上告人らの控訴をいずれも棄却すべきである。

なお、前記2（3）（上記第一段落を指す――筆者）のように、サンフランシスコ平和条約の枠組みにおいても、個別具体的な請求権について債務者側において任意の自発的な対応をすることは妨げられないところ、本件被害者らの被った精神的・肉体的苦痛が極めて大きかった一方、上告人は前述したような勤務条件で中国人労働者らを強制労働に従事させて相応の利益を受け、更に前記の補償金を取得しているなどの諸般の事情にかんがみると、上告人を含む関係者において、本件被害者らの被害の救済に向けた努力をすることが期待されるところである。

②第一小法廷（才口千晴裁判長）判決

中国人慰安婦事件で、戦時中に旧日本軍関与の下に慰安婦として使役された中国人女性二人が日本国に損害賠償などを求めたものである。

（判旨）日中戦争の遂行中に生じた中華人民共和国の国民の日本国又はその国民若しくは法人に対する請求権は、日中共同声明五項によって、裁判上訴求する権能を失ったというべきであり、そのような請求権に基づく裁判上の請求に対し、同項に基づく請求権放棄の抗弁が主張されたときは、当該請求は棄却を免れないこととなる。

本訴請求は、日中戦争の遂行中に生じた日本軍兵士らによる違法行為を理由とする損害賠償請求であり、前記事実関係にかんがみて本件被害者らの被った精神的・肉体的な苦痛は極めて大きなものであったと認められるが、日中共同声明五項に基づく請求権放棄の対象となるといわざるを得ず、裁判上訴求することは認められないというべきである。所論の点に関する原審の判断は、以上のとおり、結論において是認することができる。論旨は、採用することができない。

これらの判決は、俎上にあげられている上告人たる中国人らの各請求権について、一九七二年の日中共同声明第五項に「中華人民共和国政府は、中日両国国民の友好のために、日本国に対する戦争賠償の請求を放棄することを宣言する」とあることから、被上告人（日本企業もしくは日本国）が訴訟においてこれを抗弁として提出したときは、裁判所は、原告らの請求を認容することはできない――即ち、原告らの請求権は、結局訴訟上は機能しない――と判断したのであるが、その一方で、訴訟上は機能しないとしても請求権自体が消滅したわけではないから、これを任意に弁済することは違法ではなく、訴訟上もしくは訴訟外で和解することは可能であるとしているのである（西松建設事件では、それが期待されるとまで述べている）。

中国人慰安婦・強制労働被害者と韓国人慰安婦・徴用工の損害賠償請求の異同

さてこれらの判決で問題とされる損害賠償請求権と日韓請求権協定第二条及び合意議事録の枠組みに置かれた韓国人徴用工の（そして韓国人慰安婦の）損害賠償請求権とは同列には論じられず、後者はその枠組みにおいて消滅したことが確認され、「完全かつ最終的に解決された」のだと述べる法律専門家がいる。

中国人慰安婦・強制労働被害者と韓国人慰安婦・徴用工の損害賠償請求権のいずれも、大日本帝国の侵略と植民地（占領地）支配によってもたらされた非人道行為の不法行為責任を問うものである点は共通している。しかし、国際法的には、それらを同列に論じることができないことは、かのご高説を垂れる法律専門家の言うとおりである。しかし、そのことは彼らの導き出した結論とは異なり、むしろ逆の結論をもたらすことになるのである。

中国人慰安婦・強制労働被害者の損害賠償請求権と韓国人慰安婦・徴用工の損害賠償請求権と

の決定的な違いは、以下に見る通りである。

まず前者について。第二次世界大戦時の連合国諸国は、日本に対し、戦争賠償請求権を有している。そのことはサンフランシスコ条約第一四条*の(a)により、「日本国は、戦争中に生じさせた損害及び苦痛に対して、連合国に賠償を支払うべきことが承認される」として確認されている。その上で、同条(b)で、連合国諸国は、その戦争賠償請求権を放棄した。しかし、連合国の一員であっても、同条約を調印・批准していない国は、当然のことながらこれを放棄していない。中国は、連合国の一員で、日本の侵略によって甚大な被害を被った国であるにも関わらず、サンフランシスコ講和会議には招聘されず、条約に調印をしていないから、当然に日本に対し、戦争賠償を請求する権利があった。だから中国は、中国人慰安婦・強制労働被害者の損害賠償請求権もその中に算入して日本に請求しようとすれば出来る立場にあった。

＊サンフランシスコ平和条約第一四条（抄）

(a)　日本国は、戦争中に生じさせた損害及び苦痛に対して、連合国に賠償を支払うべきことが承認される。以下略。

(b)　この条約に別段の定がある場合を除き、連合国は、連合国のすべての賠償請求権、戦争の遂行中に日本国及びその国民がとった行動から生じた連合国及びその国民の他の請求権並びに占領の直接軍事費に関する連合国の請求権を放棄する。

ところが日中共同声明第五項により、中国は、国家として、戦争賠償請求権を放棄したと解されるので、これによって個々人の損害賠償請求権まで消滅してしまったことになるのかどうかが訴訟において主要な争点の一つとなったのである。その争点について、最高裁は、既に見たように個人の損害賠償請求権は、実体上は消滅しないが、裁判上訴求することはできないと判断した。講学上、自然債務と言われるものがあるが、これは、一方で債務者が任意に支払うときには非債弁済ではなく法律上有効な弁済として取り扱われる（だから和解をして支払いをしても株主代表訴訟を提起され、取締役責任を問われるおそれはない）が、他方で債務者は弁済を拒否することもでき、その場合に債権者が裁判に訴えても、裁判所は、債務者の抗弁に従い、訴えを棄却しなければならない、というものである。最高裁は、要するに、この法理を適用したことになる。

では後者はどうか。同じサンフランシスコ平和条約は、前掲の通り第四条において、「(a) この条の(b)の規定を留保して、日本国及びその国民の財産で第二条に掲げる地域にあるもの並びに日本国及びその国民の請求権（債権を含む）で現にこれらの地域の施政を行っている当局及びその住民（法人を含む）に対するものの処理並びに日本国におけるこれらの当局及び住民の財産並びに日本国及びその国民に対するこれらの当局及び住民の請求権（債権を含む）の処理は、日本国とこれらの当局との間の特別取極の主題とする。第二条*に掲げる地域にある連合国又はその国民の財産は、まだ返還されていない限り、施政を行っている当局が現状で返還しなければならない。（国民という語は、この条約で用いるときはいつでも、法人を含む）(b)日本国は、第二条及び第三条に掲げる地域のいずれかにある合衆国軍政府により、又はその指令に従って行われた日本国及びその国民の財産の処理の効力を承認する」と定めている。

この条項は、第二条で、日本の統治権が適法に及んでいた地域（旧植民地等）に関し、日本が「すべての権利、権限及び請求権」を放棄したことにより、これらの地域が日本から合法的に分離されたものとして、日本とこれらの地域の施政当局、もしくは各住民（法人を含む）のもの、財産、請求権（債権を含む）の法的処理を主題とする特別取極を結ぶべきことを謳っているのである。

もう少し敷衍していえば、この条項は、第二次大戦終結に至るまでのこれら地域に対する日本の統治は、国際法上が合法であること、これらの地域における戦後処理は、これら地域が日本の

＊サンフランシスコ平和条約第二条（抄）

(a) 日本国は、朝鮮の独立を承認して、済州島、巨文島及び鬱陵島を含む朝鮮に対するすべての権利、権原及び請求権を放棄する。

(b) 日本国は、台湾及び澎湖諸島に対するすべての権利、権原及び請求権を放棄する。

(c) 日本国は、千島列島並びに日本国が千九百五年九月五日のポーツマス条約の結果として主権を獲得した樺太の一部及びこれに近接する諸島に対するすべての権利、権原及び請求権を放棄する。

（以下略）

統治から分離したことによる法的処理に過ぎないこと、ここで言うところの財産、請求権（債権を含む）とは、植民地支時代の法令や契約によってその存在が認められるものだけであること及び植民地支配やそれに伴う違法不当な行為に基づく損害賠償請求などはあり得ないことを前提としているのである。この条項を定めるに至った舞台裏を覗いてみるとそのことがよくわかる。日本政府（外務省）は、サンフランシスコ平和条約締結に先立つ一九四九年一二月、「割譲地に関する経済的財政的事項の処理に関する陳述」を作成し、連合国各国に要請を行っているが、その中で以下のように述べられている。

日本のこれら地域に対する姿勢は決していわゆる植民地に対する搾取政治と認められるべきでない……。逆にこれら地域は日本領有となった当時はいずれも最もアンダー・デヴェロップトな地域であって、各地域の経済的、社会的、文化的向上と近代化はもっぱら日本側の貢献によるものであることは、すでに公平な世界の識者――原住民も含めて――の認識するところである。そして日本がこれら地域を開発するに当たっては、年々国庫よりローカル・バヂェットに対し多額の補助金をあたえ、又現地人には蓄積資本のない関係上、多額の公債及び社債を累次内地において募集して資金を注入し、更に多数の内地会社が、自己の施設を現地に設けたものであって、一言にしていえば日本のこれら地域の統治は「持ち出し」になっている。

……これら地域はいずれも当時としては国際法、国際慣例上普通と認められていた方式により取得され、世界各国とも久しく日本領として承認していたものであって、日本としてはこれら地域の放棄には異存ないが、保有をもって国際的犯罪視し、懲罰的意図を背景として、これら地域の分離に関連する諸問題解決の指導原理とされることは、承服し得ないところである。

（高崎宗司『検証　日韓会談』岩波新書からの引用。原資料は、外務省外交資料館所蔵文書）

英米仏蘭などサンフランシスコ平和条約の主要当事国は、いずれも植民地を保有していた国々であり、植民地合法論に立脚していたので、日本のこの主張は抵抗なく受け入れられ、上記第四条(a)の定めとなったのであった。

従って、日本と韓国の間で、このサンフランシスコ平和条約第四条(a)に基づく特別取極である日韓請求権協定において、韓国人徴用工や韓国人慰安婦の損害賠償請求権が話し合いの対象となることはあり得ないのである。よって、既に引用した新日鉄大法院判決の多数意見のうち三名の大法官が附した補充意見はまことに正当な見解と言うべきである。敢えて再掲しておこう。

請求権協定第二条でサンフランシスコ条約第四条(a)に明示的に言及しているから、サンフランシスコ条約第四条が請求権協定の基礎になったことには特に疑問がない。すなわち請求権協定は基本的にサンフランシスコ条約第四条(a)にいう「日本の統治から離脱した地域（大韓民国もこれに該当）の施政当局・国民と日本・日本国民の間の財産上の債権・債務関係」を解決するためのものである。ところで、このような「債権・債務関係」は日本の植民支配の不法性を前提とするものではなく、そのような不法行為に関する損害賠償請求権が含まれたものでもない。特にサンフランシスコ条約第四条(a)では「財産上の債権・債務関係」について定めているので、精神的損害賠償請求権が含まれる余地はないと見るべきである。

サンフランシスコ条約を基礎として開かれた第一次韓日会談において韓国側が提示した八項目は次のとおりである。

①一九〇九年から一九四五年までの間に日本が朝鮮銀行を通じて大韓民国から搬出した地金及び地銀の返還請求、②一九四五年八月九日現在及びその後の日本の対朝鮮総督府債務の弁済請求、③一九四五年八月九日以降に大韓民国にから振替または送金された金員の返還請求、④一九四五年八月九日現在大韓民国に本店、本社または主たる事務所がある法人の在日財産の返還請求、⑤大韓民国法人または大韓民国自然人の日本銀行券、被徴用韓国人の未収金、補償金およびその他の請求権の弁済請求、⑥韓国人の日本国または日本人に対する請求であって上記①ないし⑤に含まれていないものは韓日会談の成立後、個別に行使することができることを認めること、⑦前記の各財産または請求権から発生した各果実の返還請求、⑧前記返還と決済は

協定成立後 直ちに開始し遅くとも六ヶ月以内に完了すること。

右記八項目に明示的に列挙されたものはすべて財産に関するものである。したがって右記⑤で列挙されたものも、例えば徴用による労働の対価として支払われる賃金などの財産上の請求権に限定されたものであり、不法な強制徴用による慰謝料請求権まで含まれると解することはできない。その上ここに言う「徴用」が国民徴用令による徴用のみを意味するのか、それとも原告らのように募集方式または官斡旋方式で行われた強制動員まで含まれるのかも明らか ではない。また⑤は「補償金」という用語を使用しているが、これは徴用が適法であるという前提で使用した用語であり、不法性を前提とした慰謝料が含まれないことが明らかである（再掲終わり）。

以上により、日本政府が協議要請等において固執した見解がいかに一面的で硬直したものであったか一層明らかになったであろう。

のみならず、日本政府は、最高裁が示したレベルの自然債務説をも断然拒否し、関係企業に自主的に解決する道を閉ざしてしまった点においても罪はより深い。

附論　韓国政府は従来の見解を変えたのか

二〇一九年一〇月一一日付朝日新聞朝刊は、「元徴用工問題、妥協点はどこに　日韓の主張オールまとめ」というタイトルで、現在の日韓関係の危機を解説した記事を掲載し、以下のように報じた。

革新系の盧武鉉政権は二〇〇五年、請求権協定の締結に至る日韓交渉を検証し、協定が及ぼす効力の範囲についての政府見解を発表した。この見解では、元慰安婦と原爆被害者、サハリン残留韓国人が「協定の対象外」だとして、日本政府の法的責任が残っていると認定した。一方、元徴用工については、韓国側が交渉時に示した対日請求要綱に「被徴用者の被害補償」が盛り込まれていたことに注目。協定に基づいて日本から得た無償三億ドルの経済協力には「補償問題解決の性格の資金等が包括的に勘案されているとみるべきである」と結論づけ、解決済みだとする立場を示した。これを受け、盧政権は日本から受けた経済協力の相当額を「韓国政府は強制動員被害者の救済に使用すべき道義的責任がある」とし、〇七年に救済措置のための特別法を制定させた。遺族を含めた一五年までの支給総額は約六一八四億ウォンに上り、現在も医療支援金の支給が続いている。文氏は盧政権の高官だった。韓国政府の高官は今年八月、「政府は（元徴用工ら）個人の賠償請求権は生きているとの立場を維持してきた。大法院判決はこれを確認したものだ」と表明した。同志社大の浅羽祐樹教授（韓国政治）は「相手のある話なのに政府の立場に一貫性がない。信義則が破綻しかねない」と話す。

これによると文大統領も高官の地位にあった盧武鉉《ノ・ムヒョン》政権下で、日韓請求権協定により、徴用工の請求権問題は解決済みとの前提で、救済措置を講じているのに、文大統領は、それを覆し、突如、未解決との主張を始めたと読める。

果たしてこれは本当だろうか。

(日韓請求権協定締結後の措置)

日韓請求権協定締結後、韓国政府は、一九七四年一二年二一日、「対日民間請求権補償に関する法律」(以下「請求権補償法」という)を制定した。

これに基づき、「日本国によって軍人・軍属または労務者として召集または徴用され、一九四五年八月一五日以前に死亡した者」を対象に、遺族に対し、犠牲者一人当り三〇万ウォンが支給されることになった。

「労務者」として徴用された時期に死亡した者への支給実績は、犠牲者八五五二人の遺族に対し、合計二五億六五五六〇万ウォンであった。

強制動員された時期に死亡した者だけを対象として、犠牲者一人当たり三〇万ウォン——一九七四年一二月以後の物価変動を加味しても、おそらく円換算で、現在価値にして一〇万円程度のものではないかと思われる——を遺族に支給するという措置が、徴用工の日本国もしくは日本企業に対する損害賠償請求権が消滅したことを前提とするものではなく、大量に存在する元徴用工もしくはその遺族（前掲『在日朝鮮人　歴史と現在』によれば、徴用工の実数は六七万人とされている）に対する政策的措置であったことは明らかであるが、それにしても死亡者だけを対象としたこのバランスの悪い措置、しかも雀の涙とも言ってよいほどの支給額は、あまりにも不公正さの際立つものであったと言わざるを得ない。

（追加措置）

一九九〇年代になると民主化が進んだ韓国において、植民地支配と侵略戦争に伴う被害救済を求める機運が高まり、日本国及び日本企業を相手取り、日本の裁判所に訴えるケースが続出することとなった。しかし、日本の裁判所は、最終的にはこれらの訴えを悉く斥けてしまった。

こうしたことから、韓国国内で、韓国政府に対し、真相解明と被害救済を求める国民運動が発展した。当然、それによって請求権補償法による措置の不当性も批判されることとなった。

こうした国民運動は、被害者に寄り添う姿勢を示していた盧大統領の下、韓国政府を揺り動かし、これに前向きに対応させることになった。その動きを新日鉄住金大法院判決の認定事実に基づき整理すると以下の如くである。

二〇〇五年一月、韓国政府は、請求権協定に関する一部文書を公開し、さらに「韓日会談文書公開の善後策に関する民官共同委員会」（以下「民官共同委員会」という）を設置。同委員会は、同年八月、「請求権協定は日本の植民支配賠償を請求するための協定ではなく、サンフランシスコ条約第四条に基づき韓日両国間の財政的・民事的債権・債務関係を解決するためのものであり、日本軍慰安婦問題等、日本政府と軍隊等の日本国家権力が関与した反人道的不法行為については請求権協定で解決されたものとみることはできず、日本政府の法的責任が残っており、サハリン同胞問題と原爆被害者問題も請求権協定の対象に含まれなかった」という趣旨の公式見解を表明したが、上記公式見解には下記の内容が含まれていた。

「○ 韓日交渉当時、韓国政府は日本政府が強制動員の法的賠償、補償を認めなかったため、「苦痛を受けた歴史的被害事実」に基づき政治的補償を求め、このような要求が両国間無償資金算定に反映されたと見るべきである。

○ 請求権協定を通して日本から受領した無償三億ドルは、個人財産権（保険、預金等）、朝鮮総督府の対日債権等、韓国政府が国家として有する請求権、強制動員被害補償問題解決の性格の資金等が包括的に勘案されたと見るべきである。

○ 請求権協定は、請求権の各項目別金額決定ではなく政治交渉を通じて総額決定方式で妥結されたため、各項目別の受領金額を推定することは困難であるが、政府は受領した無償資金のうち相当金額を強制動員被害者の救済に使用すべき道義的責任があると判断される。
○ しかし、請求権補償法による補償当時、強制動員負傷者を保護対象から除外する等、道義的次元から見た時、被害者補償が不十分であったと見る側面がある。」

これを受けて韓国政府は、二〇〇六年三月九日、請求権補償法に基づいた強制動員被害者に対する補償が不十分であることを認めて追加補償の方針を明らかにした後、二〇〇七年一二月一〇日、「太平洋戦争前後国外強制動員犠牲者等支援に関する法律」（以下「二〇〇七年犠牲者支援法」という）を制定した。

同法第一条は日韓請求権協定に関連し、「国家が太平洋戦争前後の国外強制動員犠牲者とその遺族等に人道的次元から慰労金等を支援することによって、彼らの苦痛を治癒し、国民和合に寄与する」ことを目的として掲げている。

同法による支援の内容は以下のとおりである。

①一九三八年四月一日から一九四五年八月一五日の間に日本によって軍人・軍属・労務者など

として国外に強制動員され、その期間中または国内への帰還の過程で死亡または行方不明となった「強制動員犠牲者」には一人当り二〇〇〇万ウォンの慰労金を遺族に支給（請求権補償法に基づき既に受給した遺族に対しては、犠牲者一人当たり二三四万ウォンを差し引く）

②国外に強制動員されて負傷により障害を負った「強制動員犠牲者」には一人当り二〇〇〇万ウォン以下の範囲内で障害の程度を考慮して大統領令で定める金額を慰労金として支給

③強制動員犠牲者のうち生存者または上記期間中に国外に強制動員されてから国内に帰還した者の中で強制動員犠牲者にあたらない「強制動員生還者」のうち、生存者が治療や補助装具使用が必要な場合にその費用の一部として年間医療支援金八〇万ウォンを支給

④上記期間中に国外に強制動員され労務提供などをした対価として日本国または日本企業などから支給されるはずであった給料等の支払を受けられなかった「未収金被害者」またはその遺族に、未収金被害者が支給を受けるはずであった未収金を当時の日本通貨一円を大韓民国通貨二〇〇〇ウォンに換算した未収金支援金を支給

これらのうち④は、まさに日韓請求権協定によって消滅した請求権の補償措置であることは容易に理解できるが、①ないし③は、既に実施された請求権補償法による措置の不備・不当を補うものである。

さて上述の「民官共同委員会」の公式見解は、日韓請求権協定の交渉過程で、日本側は強制動員被害者への法的措置、補償を認めなかったこと、韓国側は、「苦痛を受けた歴史的被害事実」に基づき政治的補償を求めた事実を指摘し、そのような要求が無償で供与されることになった三億ドルという額に「反映」もしくは「包括的に勘案」されたと見るべきだとして、「道義的次元」から請求権補償法の措置を拡充することを求めている。ここで言う「反映」、「包括的に勘案」、「道義的責任」なる言葉は、大量に存在する元徴用工（もしくはその遺族）に対する政策的措置の大義名分を付与するためのテクニカル・タームと見るべきであって、強制動員被害者の日本国もしくは日本企業に対する請求権について法的解決が図られ、決着したことを認めたものなどと深読みするのは間違いである。

盧政権の下で制定された二〇〇七年犠牲者支援法は、この公式見解を受け入れたものであり、趣旨において同じであるばかりではなく、第一条で「人道的次元からの慰労金等を支援する」と明記していること、支給内容が、死亡者二〇〇〇万ウォン、障害を負った者最高二〇〇〇万ウォンの各慰労金にとどまること及び生存者で治療や補装具使用が必要である者の費用の一部として年間八〇万ウォンの医療支援金にとどまること、などから徴用工を含む強制動員被害者の全ての損害賠償請求権が消滅したこと、つまり解決済みであることを前提としたものではないことは明らかである。

朝日新聞の標記記事は、不正確で誤った評価に基づくもので、現在の韓国政府が盧政権時代の見解を変えたかの如く印象付け、国民の韓国不信と反韓意識を増幅するものと言わねばならない。

(3) 政治日程をにらんだスケジュール闘争であったこと

朝鮮人(韓国人)に対する差別・偏見と嫌韓バブル
前に嫌韓バブルという言葉を用いたが、そのバブルを引き起こす原動力となるのは、わが国に戦前からよどみ続けている朝鮮人に対する差別・偏見の意識である。その由来を少し遡ってみておこう。
わが国が韓国*(大韓帝国)に併合条約を押し付け、朝鮮半島を完全に植民地化したのは

*明治以後を見ると、朝鮮半島を統治する国の国号は、当初は、「朝鮮王国」であったが、その後一八九七年一〇月に「大韓帝国」と改められた。その後一九一〇年、日韓併合後は「朝鮮」と呼称されることになった。戦後は、「大韓民国」と「朝鮮民主主義人民共和国」とが並立状態となっている。本書では、文脈に応じて朝鮮または韓国と適宜表記する。

一九一〇年八月二二日のことであった。それ以来一九四五年八月一四日、わが国がポツダム宣言を受諾するまでの間、朝鮮半島は、わが国の領土の一部とされ、朝鮮半島の住民は、日本国民とされ、戸籍上は、内地国民の内地籍とは別個の外地籍（朝鮮籍）に登載されていた。

韓国併合後、朝鮮半島から内地へ移り住んだ者の数としては、以下のようなデータが残されている（井上寿一『第一次世界大戦と日本』講談社現代新書）。

一九一三年　三六三五人
一九一八年　二万二四一一人
一九一九年　二万六六〇五人
一九二〇年　三万〇一八九人
一九二一年　三万八六五一人
一九二二年　五万九七二二人

これらの移住者の大半は、わが国において、低賃金で、今でいうきつい、汚い・危険の三K労働に従事したのである。何故、そのように多数の人びとが故国を離れ、過酷な労働に従事するために敢えて内地に移住してきたのだろうか。

彼らは、決して好き好んで移住してきたのではない。その原因の多くは、朝鮮総督府の実施した土地政策にある。一九一二年八月、朝鮮総督府は、土地調査令を公布した。同令に基づいて行われた調査事業は、「地税」の公平負担、土地所有権の保護、生産性の向上などを謳い文句としていた。しかし、実際には、土地所有権の保護は申告によって行い、申告のない土地は「国有」という名目で、総督府が取り上げてしまうというあこぎなものであった。朝鮮では近代的土地所有法制が確立しておらず、実際に土地を耕作している農民が申告する道は閉ざされていたのだ。これと並行して内地国民や内地資本による土地買収が進行する。このため多くの農民が土地から分離された。土地を失った農民が大量に輩出した。彼らは、山間部に追いやられて焼畑農耕を行う火田民となり、あるいは沿海州やハワイへ移り、あるいは糊口を凌ぐために内地へ移住してきた（成田龍一『大正デモクラシー　シリーズ日本近現代史④』、岩波新書）。上記の数字は、そのことを示している。

彼らは、第一次世界大戦時の好況期には、低賃金・三K職場に吸収され、内地労働者とは棲み分けができていた。しかし、戦後の反動不況で、内地労働者の失業問題が顕現するとともに、彼らは、内地労働者にとって邪魔者として排斥の対象となり、また危険視されるようになる。彼らと、内地労働者とは必ずしも従事する労働において競合関係にたっていたわけではないにもかかわらずそうだったのである。

差別や偏見は、空から降ってくるわけではない。この時期の大量の移住者は、内地において低賃金、三K職場で、文字通り汗と油と泥にまみれた暮らしを余儀なくされ、わが内地国民に蔑まれるようになる。時が移り、わが内地国民の中に、不況下で大量の失業者が輩出し、生活苦に呻吟するようになると、彼らは、朝鮮人に対し非征服民族ないしは不潔な低級民族とのスティグマをおしつけ、その不満の捌け口とし、さらには食い扶持を奪いあう競争相手と錯覚して排除しようとする。こうしたことが積もり積もって差別・偏見が次第に定着して行くようになった。

やがて、そのような差別・偏見は暴発する。一九二三年九月、関東大震災後の朝鮮人大量虐殺である。それは、軍・警当局者の誘導はあったにせよ暴発する下地は既に準備されていたのだ。この大量虐殺の際、「不逞鮮人」という言葉が新聞紙上を盛んににぎわしていたが、これは一九一九年三月一日、朝鮮半島全土にわたり展開された抗日運動後、わが国の軍関係者、警察関係者が、天皇に刃向う不逞の輩という意味で朝鮮人に投げつけた言葉である。これは一種の恐怖感とともに民衆の中に広がったと言われている（水野・文・前掲）。朝鮮人に対する差別・偏見は、このような恐怖感を梃子として一層強固なものとなって行った。

さらに、一九二〇年代後半になると朝鮮からの移住者は一層大きな波となって押し寄せる。一九二〇年代、わが国政府と朝鮮総督府は、内地の食料不足を解消するために、朝鮮を内地の食糧庫と位置づけ、米の増産計画を実施する。それは小規模農地を耕地整理によって大規模化し、生産性をあげることにより米の産出量を増大させるというもので、ここでも再び農民は土地から分離される。それだけではなく、収穫された米は内地へ移出され、朝鮮では、人びとは「外米」

と「満州粟」を主食とすることになる。朝鮮では人びとがあぶれ、半ば難民のようにして内地へ押し寄せてくる。かくして移住者は一九二〇年代後半には年間ほぼ十万人から十数万人を数えることになった（成田・前掲）。

それら移住者は敗戦に至るまで輩出したことは言うまでもない。そこに戦時下、内地労働力の不足を補うため、国家総動員法・国民徴用令等による強制動員によって移住させられた者が加わる。

関東大震災前と同様、その後に内地へ移住してきた朝鮮人も、多くは低賃金・三K労働に従事する最下層労働者として、都市周縁部に集団をつくって居住していた。戦時下に移行してからは、強制動員された徴用工は勿論、そうではない者も、少なからず厳しい監視下に非人道的な強制労働を強いられた。こうして日本社会の最底辺に置かれた朝鮮人に対する差別・偏見は、強まりこそすれ、少しも弱まることなく続いた。

遠い異郷の地において、苦しい、厳しい生活を、同胞たちの助け合いにより、なんとか凌いだ朝鮮人は、強制労働に使役されつつ辛うじて生きのび解放された人たちを含め、戦後の飢餓状態を、同じような境遇に放り出された日本人と同様、必死に生き抜くことになるが、それにもかかわらず日本人から受ける差別・偏見は、一向に弱まることはなかった。

かくして日本国民の中には、朝鮮人に対する差別・偏見は、今もよどみ続けている。私は、政治家が、これを巧みに利用して獲得される政治的支持の肥大現象を嫌韓バブルと呼ぶのである。

スケジュール闘争

少し話が横道にそれてしまったが、日本政府による協議要請等が政治日程をにらんだスケジュール闘争だったという本論に入っていくことにする。

前掲のとおり日韓請求権協定第三条では、この協定の解釈及び実施に関する紛争（以下「紛争」という）が生じた場合、締約国政府双方の協議により解決がめざされ（第一項）、協議不調の場合には仲裁手続きに移行する（第二項、三項）。

仲裁付託手続きは、以下のように進行する。

①一方締約国の政府（以下「A」）から他方締約国の政府（以下「B」）に仲裁付託の要請を通告する。

②Bが通告を受領した後三〇日以内に、A、Bはそれぞれ一名の仲裁委員を任命し、その期間満了後三〇日以内にA、Bが任命した二名の仲裁委員は合意によって第三の仲裁委員を選任する。こうして三名の仲裁委員からなる仲裁委員会が構成され、紛争が付託される。

③Bが通告を受領した後三〇日以内に、仲裁委員を任命しなかったときは、その期間満了後三〇日以内に、A、Bはそれぞれ第三国を選定し、それら各第三国の政府に三名の仲裁委員の

指名を委ね、こうして三名の仲裁委員からなる仲裁委員会が構成され、紛争が付託される。
④ ②もしくは③によって仲裁委員会が発足するに至らなかったとき仲裁付託は不成立に終わる。

以上によれば、Bが、通告受領後三〇日でまず一回目の回答期限が到来し、ついで六〇日で最終回答期限が到来する。Bが、一回目の回答期限までに仲裁委員を任命しないと、次の段階に進み、最終回答期限までに第三国を選定しないと、仲裁付託は不成立ということになる。その意味でAが仲裁付託要請の通告をいつするかによって、事実上、Bの回答期限が指定されることになるのである。

本件では、既に述べたように、日本政府は、二〇一九年一月九日、協議要請をし、五月二〇日、協議不調と断じて、仲裁付託の要請を通告した。これによって韓国政府からの回答期限は、一回目の回答期限が六月二〇日、最終回答期限が七月一九日と指定されたことになる。この点について、日本政府は回答期限を一方的にしたのではない、それは日韓請求権協定によって自動的に定まっていると、得々と弁じたてる人がいるが、それは詭弁以外の何者でもない。

さて私が、政治日程をにらんだスケジュール闘争だったと言うのは、日本政府は、この協議要請、仲裁付託要請の通告の期日を、二〇一九年の政治日程をにらんで嫌韓バブルを最大限利用するべく巧妙に配置したということを指している。

二〇一九年、最も重要な政治日程は、参議院議員通常選挙であった。

政府は、六月二六日に行われた臨時閣議で、参議院議員の通常選挙の期日を七月二一日、公示日を七月四日と決定したが、それは結果としてそうなったということではない。

公職選挙法第三二条によれば、参議院議員の通常選挙の期日は、議員の任期が終る日（七月二八日）の前三〇日以内で、国会が閉会された日から二四日以後三〇日以内とすること、その期日の少なくとも一七日前に公示することが定められている。

また通常国会は毎年一月に召集することが常例であること、それは一〇日前までに決定すること、会期は一五〇日間であることが、国会法で定められている。

従って、政府は、二〇一九年一月一八日の定例閣議で、通常国会召集日を一月二八日と決定したのであるが、事前に観測記事も出ており、おそらく年明け早々の時期に主要閣僚間でそれは内決されていたことであろう。そして同時に、参議院議員通常選挙の期日もあらまし決めていただろう。上記の制約からすれば、七月二一日、もしくは七月二八日のいずれかだ。

そこで上記の協議要請等の時期を、この政治日程をにらんで、一月九日協議要請、五月二〇日仲裁付託通告と設定したのである。一月九日前後、五月二〇日前後、七月一九日前後に、首相、外相、官房長官をはじめとする主要閣僚及び与党幹部が、記者会見その他の場で、一斉に、韓国を非難する発言をする、マスメディアはそれを垂れ流し、専門家と言われる人々やバラエティ番組がそれに唱和する。

そこに輪をかけるように七月一日、経産省は、後述する輸出管理上のカテゴリーの見直し（いわゆる「ホワイト国」から韓国を削除するための政令改正）のためのパブコメ募集を開始することと、七月四日よりフッ化ポリイミド、レジスト、フッ化水素三品目の韓国向け輸出規制措置等をとることを公表した。

嫌韓バブルの実情

かくして嫌韓バブルは、否が応でも膨らんでゆく。実際に内閣支持率の推移を見てみよう。世論調査は、各メディアでバラツキはあるが、内閣支持率の推移を見るだけなら、どれをとってもよいだろうから、朝日新聞で、これを代表させてみたところ、左の表のようになった。

二〇一八年前半は、「森友学園」をめぐる財務省決裁文書改ざん問題や防衛省・自衛隊の日報隠蔽疑惑などもあって、内閣支持率は、「支持しない」が「支持する」を常時上回っていたが、九月、一〇月と持ち直し、ほぼ拮抗状態となる。これは安倍首相が八月二六日自民党総裁選に三選出馬を表明してマスメディアに露出したこと、総裁選後に内閣改造が行われたことなどが影響したものと思われる。問題はそれ以後の内閣支持率である。一気に風向きが変わったことがわか

調査実施日	支持する	支持しない	その他・答えない
18年4月(14,15)	31	52	17
5月(19,20)	36	44	20
6月(16,17)	38	45	17
7月(14,15)	38	43	19
8月 (4,5)	38	41	21
9月 (8,9)	41	38	21
10月(13,14)	40	40	20
11月(17,18)	43	34	23
12月(15,16)	40	41	19
19年1月(19,20)	43	38	19
2月(16,17)	41	38	21
3月(16,17)	41	37	22
4月(13,14)	44	32	24
5月(18,19)	45	32	23
6月(22,23)	45	33	22
7月(13,14)	42	34	24
7月(22,23)	42	35	23

る。

実は、一二月には、外国人労働者の受け入れを拡大する改正出入国管理法案をめぐり、政府・与党が審議を強引に進め、内閣支持率が、激減してもおかしくないのに微減でおさまっていた。二〇一九年に入って、それらの問題が継続する一方、一月には厚生労働省による毎月勤労統計の不正調査問題が発覚したにもかかわらず、「支持する」が「支持しない」を断然上回って、参議院選挙を迎えることとなったのである。

これはそのマイナスを補って余りある事態、即ち嫌韓バブルが生じているということを意味している。政府にとっては、韓国に対する協議要請等は、政治日程をにらんだスケジュール闘争に過ぎず、何らかの解決を目指した真摯な外交措置ではなかったのである。

（4）侮辱的で、外交的・国際的儀礼を欠くもの

第四の問題点は、侮辱的で、外交的・国際的儀礼を欠くものであったということである。ここまで日本政府の韓国政府に対する日韓請求権協定第三条に基づく協議要請等の問題点を三つ指摘してきたが、これらは同時に侮辱的で、外交的・国際的儀礼を欠くものとだとの評価を伴うものである。しかし、私は、それ以上に、日本政府の対応姿勢そのものに傲岸不遜な態度が露骨に見られたので、この点を格別の問題点として指摘しておきたい。

まず取り上げたいのは、二〇一九年六月二八、二九日に開催されたG20サミットでの安倍首相の対応である。日韓首脳会談は二〇一八年九月二五日以来行われていない。その後、徴用工問題をめぐって日韓関係が悪化している状況をふまえ、文大統領は、サミットの機会に安倍首相との首脳会談を行うことに重要な意義があるとして首脳会談の実現に意欲を示し、韓国外交部を通じて日本の外務省に打診していたが、はかばかしい回答が得られなかった模様である。しかし、外務省幹部は「短時間の立ち話はあり得る」との感触を示していたとのことで、二八日の公式歓迎

行事において、会場入り口で、安倍首相が各国首脳を出迎える行事の際に、立ち話程度でも行われるのではないかと見られていた。実際には、安倍首相は、ごく事務的・機械的に文大統領を握手で出迎えたのみ。立ち話さえも実現しなかった。

この状況を、二九日付の韓国紙は「（安倍首相と）公式歓迎行事の入り口で八秒間握手しただけ」、「日本のおもてなしは韓国には例外」などと厳しく報じたとのことである（六月二九日一九時一九分配信朝日新聞デジタルニュース）。

このときの様子を、テレビのニュースで見て違和感を覚えた人も少なくないだろう。

次は、七月一九日、仲裁付託要請の最終回答期限が満了するこの日、期限までに回答しなかったことに抗議するために、南官杓《ナム・グアンピョ》駐日韓国大使を外務省に呼び出した際の河野外相の対応である。これもテレビのニュースを見て、驚いた人も多いだろう。南大使が、韓国側は、既に日本の協議要請に応えて、解決案（その内容は前述したとおり――筆者）を提示済みであると答え、これを通訳人が通訳し始めたところ、河野外相は、身を乗り出すようにして座りなおし、「ちょっと待ってください！　韓国側の提案は全く受け入れられるものでない。極めて無礼でございます」と、詰問調で言い放った。しかも、河野外相は、敢えて、報道陣満座の中で、カメラがまわっていることを承知の上で、このような挙に出たのである。こんな態度を見せることは、相手が、アメリカ、イギリスやヨーロッパ大陸諸国であれば決してないだろう。

これらは、韓国の人々に、かつて支配者としてふるまった宗主国「大日本帝国」を彷彿させる傲岸不遜な態度と受け止められたに違いない。

付言しておくと、韓国の文喜相《ムン・ヒサン》国会議長が、「一言でいいのだ。日本を代表する首相かあるいは、私としては間もなく退位される天皇が望ましいと思う。その方は戦争犯罪の主犯の息子ではないか。そのような方が一度おばあさんの手を握り、本当に申し訳なかったと一言いえば、すっかり解消されるだろう」と発言をしたこと（二月七日／アメリカ・ブルームバーグ通信のインタビュー）、その後、二月一二日、菅義偉官房長官が記者会見で明らかにしたところでは、日本政府として韓国側に、謝罪と撤回を求めたこと（二月一二日一一時九分配信朝日新聞デジタルニュース）、翌一三日の衆議院予算委で、安倍首相や河野外相がこの発言を「遺憾」、「無礼な発言」と断じたこと（第一九八国会衆議院予算委議事録）、また一八日には、文議長が、韓国紙のインタビューに「謝罪する側が謝罪せず、私に謝罪しろとは何事か」、「盗人猛々しい」などと述べたこと（二月一八日一〇時一分配信聯合ニュース「けさのニュース」）など、日韓関係をめぐる余波とも言うべき出来事が相次いだ。私が論じている文脈からはずれたことだが、文議長の天皇の謝罪云々の発言は、日本国憲法第四条第一項により天皇は国政に関与する権能を有しないことからすれば不可能なことを求めたもので、単なる心情の吐露に過ぎないことであるから軽くいなせば足りることだ。それを真正面からとりあげた日本政府の反応は、大仰で、過剰、或いは天皇不可侵の思想の名残をとどめたもので、何とも情けない限りである。これにさらに反発した文議長も意固地になりすぎているというほかはない。

ついでにさらに附言するなら、「盗人猛々しい」という言葉は、わが国では、けんか腰、極めつけの非難の言葉と受け止められるが、文議長が用いた（また後に文大統領も用いた）のは、「적《チョッ》반《バ》하《ナ》장《ジャン》」という言葉で、漢字では「賊反荷杖」と書き、その意味は「賊がむしろ鞭を手にする（そして善良な者を打つ）転じて、過ちを犯した者が何の罪もない者をなじる」という意味で使われ、「盗人猛々しい」から受け取るけんか腰、極めつけの非難という感覚とは相当違うようだ。

こんなことを書く私も大人げないと批判を蒙るかもしれないが、敢えて弁明すれば、こうした本質から外れた話を取り上げなければならないほどに、異常な嫌韓ムードが進行しているということなのだ。

第六章
禁じ手の報復措置

1、外為法の輸出等許可・審査手続き

安全保障を目的とする輸出等の規制を概観しておこう。

①外為法第二五条第一項　国際的な平和及び安全の維持を妨げることとなると認められるものとして政令で定める特定の種類の貨物の設計、製造若しくは使用に係る技術（以下「特定技術」という）を特定の外国（以下「特定国」という）において提供することを目的とする取引を行おうとする居住者若しくは非居住者又は特定技術を特定国の非居住者に提供することを目的とする取引を行おうとする居住者は、政令で定めるところにより、当該取引について、経済産業大臣の許可を受けなければならない。

②同法第四八第一項　国際的な平和及び安全の維持を妨げることとなると認められるものとして政令で定める特定の地域を仕向地とする特定の種類の貨物の輸出をしようとする者は、政令で定めるところにより、経済産業大臣の許可を受けなければならない。

右の①と②に基づいて、それぞれに言うところの政令である外国為替令及び輸出貿易管理令の別表（法文上、前者は別表第一、後者は単に別表とされている）の各第一項から第一五項において、

それぞれ大量破壊兵器やその他の通常兵器の開発等に用いられるおそれが高い特定の機微な技術や製品が詳細にリストアップされており、これに該当する技術を提供する取引もしくは貨物を輸出しようとする事業者は、経済産業大臣の許可を得なければならないこととされている。これをリスト規制と呼んでいる。

右の各別表は、前者が技術、後者が製品に関するものであるという違いがあるが、ほぼオーバーラップしている。

③右の各別表第一六項には、第一項から第一五項にリストアップされていないその他の通常工業製品に係る技術もしくは製品が概括されている。これについては、大量破壊兵器等の開発等に関わる一定の要件に該当する場合にのみ経済産業大臣の許可を得なければならないとされている。これをキャッチオール規制と呼んでいる。

しかし、そのキャッチオール規制の例外として、いずれも輸出貿易管理令の別表第三に掲げる地域（国）を仕向け地（送り先のことである——筆者）とする場合は、右の許可は不要とされる。これらの国は、安全保障上信頼のできる国、いわゆるホワイト国と認定されるからである。

④包括輸出許可制度

経済産業省貿易経済協力局策定の「包括許可取扱要領」により、法第二五条第一項の許可（前記①）、法第四八条第一項の許可（前記②）について、三年を超えない期間を定めて包括的許可を与える制度が設けられている。これにより、三年分を包括して許可を得ることで個別その都度の許可を免れることができることになっている。

以上のように、ホワイトに指定された国へ輸出し、もしくは技術を提供する取引をする場合、多くは経済産業大臣の許可を得る必要がなく、また許可を得る必要がある場合にも、包括輸出許可制度を利用することによりスピーディに処理できることになっている。

2、韓国向け輸出等許可・審査手続きの厳格化

二〇一九年七月一日、経産省は、上記輸出貿易管理令別表第三に掲げる国（ホワイト国。同日現在、韓国を含めて二七か国が指定されていた）から韓国を削除するための同令改正のためのパブコメ募集開始と、七月四日より、フッ化ポリイミド、レジスト、フッ化水素三品目の韓国向け輸出及びこれらに関連する製造技術の移転（製造設備の輸出に伴うものも含む）について、包括輸出許可制度の対象からはずし、個別に輸出許可申請を求め、輸出審査を行うことを公表した。

その後、同月四日より、上記三品目は個別輸出許可申請・輸出審査に移され、八月二日、輸出貿易管理令別表三から韓国を削除する政令改正を閣議決定し、七日公布、二八日から施行に至っている。

韓国政府は、これに素早く反応、上記公表当日、韓国外交部の趙世暎《チョ・セヨン》第一次官が、長嶺安政駐韓大使を同部に呼び、韓国への半導体材料の輸出規制を巡り深刻な懸念と遺憾の意を伝え、撤回を求めた。趙次官は「韓国の関連産業や両国関係に否定的な影響を及ぼす」と指摘し、「企業と協力しながら対応策を準備する予定だ」と表明した上で、日本政府の措置が「自由公正な貿易の実現をうたった先の二〇か国・地域首脳会議（G20サミット）の宣言文に「真っ向から反する」と抗議したとのことである（七月一日一八時三〇分配信付日本経済新聞電子版）。

同じ日本経済新聞は、「韓国政府は対抗措置の検討を表明し、半導体大手SKハイニックスは工場の操業継続への懸念に言及した。半導体メモリー市場で五～七割のシェアを持つ韓国からの出荷が滞れば、世界に影響が広がる可能性がある」と報じている（七月二日一時三一分配信電子版）。

さて日本政府の説明に目を転じてみよう。

経産省は、上記措置を公表したプレスリリースで、「輸出管理制度は、国際的な信頼関係を土台として構築されていますが、関係省庁で検討を行った結果、日韓間の信頼関係が著しく損なわれたと言わざるを得ない状況です。こうした中で、大韓民国との信頼関係の下に輸出管理に取り組むことが困難になっていることに加え、大韓民国に関連する輸出管理をめぐり不適切な事案が発生したこともあり、輸出管理を適切に実施する観点から」「厳格な制度の運用を行うこととします」と説明している（経産省ホームページ）。

さらに世耕弘成経産相は、翌日の記者会見で、記者の質問に次のように答えている（同右）。

(1)半導体関連について申し上げたいと思いますが、今回の見直しは、安全保障を目的に輸出管理を適切に実施するという観点から、運用を見直すというものであります。一部報道、あるいは韓国側の反応にあるような、いわゆる対抗措置といったものでは全くありません。

韓国との間では、これまで両国間で積み重ねてきた友好協力関係に反する韓国側の否定的な動きが相次いで、その上で、旧朝鮮半島出身労働者問題については、残念ながら、G20までに満足する解決策が全く示されなかった、関係省庁でいろいろと相談をした結果、韓国との間では、信頼関係が著しく損なわれたと言わざるを得ない状況になっているわけであります。

輸出管理制度というのは、国際的な信頼関係を土台として構築されているものであります。韓国との信頼関係の下に輸出管理に取り組むことが困難になっていることに加えて、韓国に関連する輸出管理をめぐって不適切な事案が発生したこともありまして、厳格な制度の運用を行って、万全を期することにいたしました。

⑵今回の措置についてですが、そもそも国際合意に基づいて安全保障のために軍用品への転用が可能な機微技術などの輸出については、実効性のある管理が求められているところであります。そのために必要な見直しを不断に行うということは、これは国際社会の一員として当然の責務だというふうに思っています。

ＷＴＯを中心とする自由貿易体制の下においても、各国はその義務を着実に履行することが求められ、各国とも現に実施をしているところであります。ＧＡＴＴの二一条でも、そういったことは明確に規定をされているわけであります。

今回の見直しは、こうした不断の見直しの一環でありまして、一部報道にあるような自由貿易体制に逆行するというようなことは全くありません。ＷＴＯ違反との指摘も全く当たらないと考えています。

要約すると経産省は、①両国間で積み重ねてきた友好協力関係に反する韓国側の否定的動きが相次ぎ、②その上徴用工問題について解決策が示されなかったことにより、③関係省庁と協議の上、韓国との間では著しく信頼関係が損なわれた状況を認め、④加えて韓国に関連する輸出管理をめぐり不適切な事案が発生した、ことを今回の措置の理由だと説明しているのである。

3、不当な報復措置

右の経産省プレスリリース及び世耕経産省の説明を見ると、①は慰安婦問題での韓国側の対応が想定され、②は徴用工問題に関する韓国側の対応であり、③これらについて関係省庁との協議で信頼関係が損なわれるに至った認定したことが今回の措置をとるに至った主たる理由である。④は、「加えて」と言っているように、付け足しの理由であるが、その「不適切な事案」なるものは一切公表されておらず、まともに取り上げるに足るものとは認められない。

そうすると「安全保障を目的に輸出管理を適切に実施するという観点から、運用を見直すというもの」、「いわゆる対抗措置といったものではない」というのは単なる枕詞に過ぎず、今回の措置は、主として慰安婦問題、徴用工問題をめぐる韓国側の対応に対する対抗措置、もっと端的に言えば報復措置だと言わざるを得ない。

ところで、一〇月一八日付朝日新聞朝刊は、日本政府がこのような措置をとるに至った舞台裏を検証した記事を載せている。少し長くなるが、その一部を紹介したい。

安倍晋三首相の官邸執務室で六月二〇日午後、韓国に関する協議が開かれた。古谷一之官房副長官補、外務省の秋葉剛男事務次官、金杉憲治アジア大洋州局長（当時）、経済産業省の嶋田隆事務次官（同）が集まった。

韓国の大法院（最高裁）は昨年一〇月、日本企業に対し、元徴用工らへの賠償を命じた。日本政府としては、一九六五年の日韓請求権協定で賠償問題は完全かつ最終的に解決済みとの立場で、日本企業に被害が及ばないような対応をとるよう繰り返し求めていたが、事実上のゼロ回答が続いていた。

日本企業に大きな影響を与えず、態度を明確に韓国側に伝えられる方法は何か。政府内では当時、水面下でこうした検討が進んでいたと官邸幹部は言う。

六月二〇日、首相と政府高官らが集まった協議では、一つの結論が出た。韓国に対する輸出規制を強化する。しかし、この決定は公表されず保秘が徹底された。

八日後には大阪で開く主要二〇カ国・地域首脳会議（G20サミット）が迫っていた。首相は議長として自由貿易の重要性をうたった首脳宣言をまとめなければならない。韓国に対する輸出規制強化を事前に発表すれば、自由貿易との矛盾が問われかねない。

一方、七月四日には参院選の公示が控えていた。韓国に対する国民の不満が高まるなか、政権は世論も意識していた。

七月一日、経済産業省は、対韓輸出規制強化を発表した。G20サミットの後、参院選が公示される三日前。G20サミットでの批判を避けつつ、選挙戦を前に韓国に対する強い姿勢を示すというギリギリのタイミングだった。

政権幹部は今回の措置について「警告の意味がある」と語った。しかし、影響は警告にとどまらず、日韓関係は泥沼化した。

（中略）

一八年一一月には、韓国政府が慰安婦問題の合意に基づいて設立された財団を解散する方針を発表。一二月には韓国海軍艦艇が海上自衛隊哨戒機に火器管制レーダーを照射する問題が起きた。

自民党では不満が爆発した。今年一月三〇日に党本部で開かれた外交部会と外交調査会の合同会議。駐韓大使の召還など厳しい対応を求める意見が相次ぐなか、出席議員の一人からはこんな声が出た。

「ホワイト国の指定をやめるよう検討してほしい」。韓国に対する輸出規制の強化だった。

自民党からの求めもあり、政府内では韓国への対抗措置の検討が進んでいた。ただ、所管の経済産業省では、「拳を振り上げれば、どう下ろすのか。下ろした後の影響は大きい」（幹部）と慎重論が大勢を占めていた。

しかし、こうした慎重論を押し切ったのは政権幹部たちだった。「そんなことをしても韓国は痛くもかゆくもない」。関係閣僚は今年五月ごろ、水面下で検討中だった別の案を示され、一蹴。輸出規制強化など韓国にとってより厳しい措置をとるよう主張した。「ケンカは一発目でどう殴るかが重要だ。国内世論はついてくる」

首相官邸側には、韓国に対する強硬姿勢は政権にとってプラスに働くという計算もあった。首相周辺は「日韓問題が支持率を押し上げた。日韓双方の世論が『もっとやれ』と過熱している」と語った。

みごとな検証記事だ。慰安婦問題で叩かれ萎縮したのか、徴用工問題については、いつも両論併記で、隔靴掻痒の感のあった朝日新聞だが、この記事は立派なものだ。「安全保障を目的に輸出を目的に輸出管理を適切に実施するという観点から」の運用見直しに過ぎないとか、「いわゆる対抗措置といったものではない」という日本政府の公式説明が、如何に世論を瞞着しようとするものであったか、これを読めば一目瞭然であろう。

日本政府は、「自由で公正、無差別的で透明、予見可能で安定した貿易環境となるよう努力し、開かれた市場を保っていく」と自らが議長国として苦心の末、まとめあげた二〇か国・地域首脳会議（G20大阪サミット）首脳宣言からわずか二日後に、これを侵す措置をとってしまったのである。

囲碁でも将棋でも禁じ手と呼ばれるものがある。禁じ手を打ったりさしたりすると即負けだ。相撲でもそれはある。髷をつかんだら即負けだ。勝負は、正々堂々、決められたルールの下で戦わされなければならないない。日本政府のとった措置は、まさに禁じ手だった。

わが国政治学の基礎を築いたと言われる著名な政治学者岡義武は、その論文『近代政治学のストラテジー』の中で、大衆デモクラシー下の政治家がいわば「二重人格的」な「俳優」たらざるを得ず、大衆の支持を得るためのストラテジーが奏功した場合も、権力意志と相まってそのことで逆に大衆から拘束され、結果として非合理的な対外政策が選択されてしまうメカニズムを説いている。

安倍首相は、このメカニズムに捉えられてしまったようである。

終章
日韓関係をどう修復していくか

1、韓国政府の決断

文大統領は、二〇一九年八月一五日午前、日本の植民地支配からの解放を記念する「光復節」の式典で、以下のように演説した（聯合ニュース）。

……光復はわれわれだけに嬉しいものではありませんでした。清日戦争と露日戦争、満州事変と中日戦争、太平洋戦争にいたるまで、六〇年以上にわたる長い戦争が終わった日であり、東アジア独立の日でもありました。日本国民も軍国主義の抑圧から抜け出し侵略戦争から解放されました。

われわれは過去に留まることなく日本と安保・経済協力を続けてきました。日本と共に日帝強制占領期における被害者の苦しみを実質的に癒すために取り組み、歴史を鏡とし固く手を結ぼうとする立場を堅持してきました。

過去を省察するのは過去にこだわることではなく過去から立ち直り未来へと進むことです。日本が隣国を不幸にした過去を省察する中で、東アジアの平和と繁栄を共にけん引していくことをわれわれは望んでいます。

協力してこそ共に発展し、その発展が持続できるものです。世界は高度の分業体制により共同繁栄を実現してきました。日本経済も自由貿易の秩序の下で分業を行い、発展してきました。国際分業体制の下で、どの国であろうと自国が優位にある部門を武器化すれば平和な自由貿易秩序は壊れてしまいます。先に成長を達成した国がその後を追って成長している国のハシゴを蹴り飛ばしてはいけません。

今からでも日本が対話と協力の道へと出るのであれば、われわれは快くその手を握るはずです。公正に貿易して協力する東アジアを一緒に作っていきます。

昨年の平昌冬季五輪に続き来年には東京夏季五輪、二〇二二年には北京冬季五輪が開催されます。五輪史上初の東アジアでのリレー開催です。東アジアが友好と協力の土台をしっかりと固め共同繁栄の道へと進む絶好のチャンスです。

世界の人々が平昌で「平和の韓半島」を目撃したように、東京五輪で友好と協力の希望を持てるようになることを願います。……

これは日本政府と日本国民に向けたメッセージである。文大統領は、就任後、過去二回の光復節演説の日本に関連する部分では、「大日本帝国」の植民地支配を厳しく糾弾し、その負の遺産の一掃を国民に訴えかけた。それらと比べて、二〇一九年の演説は様変わりである。

日本批判のトーンを落とし、光復（日本の敗戦）は「日本国民も軍国主義の抑圧から抜け出し侵略戦争から解放されました」と日本国民とともに祝う姿勢を示し、戦後の日韓関係の歴史を、「留まることなく日本と安保・経済協力を続けてきました。日本と共に日帝強制占領期における被害者の苦しみを実質的に癒すために取り組み、歴史を鏡とし固く手を結ぼうとする立場を堅持してきました」と肯定的に評価している。

そして、「国際分業体制の下で、どの国であろうと自国が優位にある部門を武器化すれば平和な自由貿易秩序は壊れてしまいます。先に成長を達成した国がその後を追って成長している国のハシゴを蹴り飛ばしてはいけません」とやんわりと日本政府の対韓輸出規制強化という報復措置を批判しつつ、「今からでも日本が対話と協力の道へと出るのであれば、われわれは快くその手を握るはずです。公正に貿易して協力する東アジアを一緒に作っていきます」と呼びかけているのである。

言うなれば、これは、日本政府に向けて忍耐に忍耐を重ねて送ったギリギリの秋波、最後の話し合いの呼びかけであり、日本国民の世論の変化を期待した訴えかけである。しかし、日本政府は、これを完全に黙殺し、国民の多くはそれを支持し、マスメディアも日韓関係のカタストロフを押しとめるための最後の機会をとらえた「正義のペン」が振うことはなかった。まるで、時間が八〇数年巻き戻され、満州事変から日中戦争の泥沼にのめりこんだ日本を見るような感を受けると言えば言い過ぎであろうか。

このように見てくれれば、韓国政府が八月二二日に日韓GSOMIAの終了を決定したのは必然の成り行きであった。もっとも私は、日韓GSOMIA終了の決定自体をマイナスに評価するものでは決してないし、その継続が望ましいと考えるものではないことは、ここまでお読みいただいた読者には、ご了解いただけると思う。私がこのことに言及しているのは、日韓関係カタストロフを象徴する出来事であると思うからであり、それ以上の意味はないことを附言しておきたい。

2、韓国政府の責任か？

しかるに安倍政権のスポークスマンである菅官房長官は、九月五日の記者会見で、「（日韓関係について）非常に厳しい状況が続いている。これはひとえに韓国側から否定的な動きが相次いだことによるものであり、残念だ」と述べたとのことである（九月五日一二時二二分配信時事通信）。事ここに至ってもただひたすら韓国叩きとは呆れるばかりである。

安倍首相は、九月一一日、内閣改造後の自民党役員会で、「わが党の長年の悲願である憲法改正を、党一丸となって強く進めて行きたい」と述べ、自民党改憲推進本部長に、二〇一八年三月、自衛隊を憲法九条に明記するなどの四項目の改憲案をまとめ上げた党の重鎮中の重鎮、細田博之元幹事長・憲法改正推進本部長を登用することを決め、憲法「改正」をやり遂げる強い決意を鮮明にしているが、憲法「改正」に至るまで嫌韓バブル頼みということであろうか。

さて、ここにまで至った原因は、既に述べたように、日韓政府間の徴用工問題をめぐるやりとりの主要な局面である日韓請求権協定所定の協議、仲裁付託手続きにおいて示された日本政府の犯した四つの愚行にある。繰り返せば、第一は、民主主義国家の統治構造である三権分立を侵害する要求をし続けたこと、第二は、極めて一面的で硬直した見解をおしつけようとするものであったこと、第三は、わが国の政治日程をにらみ嫌韓バブルを最大限利用するためのスケジュール闘争であったこと、第四には、その態様が侮辱的で、外交的・国際的儀礼を欠くものであったこと、である。本書の結論は、菅官房長官の言明するところとは逆で、日韓関係カタストロフは、「ひとえに日本側から否定的な動きが相次いだことによるもの」だということになる。

その後、韓国政府は、九月一一日、上記の韓国向け輸出許可・審査手続きの変更のうち、前記三品目に関する措置について、世界貿易機関（WTO）協定に反するとして提訴し、一八日には日本向け輸出許可・審査手続変更措置（日本をホワイト国――輸出許可・審査手続きを簡略化できる優遇国――のリストから削除）を施行した。

日韓関係カタストロフの実体経済への悪影響も鮮明になってきた。独立行政法人国際観光振興機構（日本政府観光局）が発表した訪日外客数の二〇一九年八月推計値によると、韓国からの旅行者は、一八年八月の五九万三九四一人に対し、一九年は三〇万八七〇〇人で、前年比マイナス四八・〇％であり（日本政府観光局ホームページ）、朝日新聞九月一九日付朝刊は、「八月の韓国からの旅行者は前年からほぼ半減し、日本から韓国への輸出は一割近く減った。需要のかき消えた観光地や、不買運動に見舞われる日本企業の悩みは深い」と報じている。

この日韓関係カタストロフ、修復することはできるだろうか、できるのであればどのように修復していくべきだろうか。以下に私見を述べてみることにする。

3、修復の第一段階——実務的・実利的対処と民間交流を

既に述べたように、日韓関係カタストロフの影響は実体経済にまで及んでおり、関係事業者に大きな打撃を与えている。

先に引用した朝日新聞の記事は、さらに①韓国国内で繰り広げられている不買運動は、日系企業の韓国での売り上げを圧迫していること、②韓国人旅行者の激減で、大分、北海道などの観光地の関係業者が悲鳴をあげていること、③日本の全世界への輸出は二〇一九年八月には前年から

八・二％減り、九か月連続で前年割れしたこと。米中貿易摩擦などで深まる世界経済の減速に、日韓関係の悪化が追い打ちをかけていること、④韓国の世論調査会社リアルメーターが八月一五日付で発表した世論調査結果で日本が輸出規制を撤回するまで不買運動が続くと回答した者が七六％であったことなどを報じている。

ユニクロ、無印良品、デサント、ＡＢＣマートなど前年度比での販売実績の大幅落ち込みも報告されている。

さらに九月一九日付日本経済新聞朝刊も、大阪税関が一八日発表した八月の近畿二府四県の貿易概況によると、韓国向け輸出額は前年同月比一八・一％減で、減少率は七月の五・五％から拡大したこと、とりわけ、日本政府が輸出許可・審査手続きを厳格化したフッ化水素などが落ち込んだこと、財務省が同日発表した八月の貿易統計では韓国向け輸出は九・四％減で、アジア向け輸出の依存が高い近畿は影響が色濃く出ていることを報じている。

一〇月になってもこの趨勢は止まらない。一〇月の訪日外国人旅行者は対前年同月比六五・五％減、対韓輸出額は一二か月連続減など、落ち込みは更に進んでいる（一一月二一日付朝日新聞朝刊）。

以上ざっと見ただけでも、もはや日本政府も、嫌韓バブルにほくそ笑むという状況ではないことを示している。

まずは実体経済面での影響を払拭する措置がとられねばならない。それは極めて実務的、実利的な考慮に基づくものであり、急ぎ事務レベルの協議を開始するべきだ。それとともに、何よりも当面する新日鉄住金大法院判決等に基づく強制執行を延期もしくは回避するための暫定措置が急がれる。

更には、自治体、市民、事業者各界各層は、ノン・ポリティカルの立場で、今まで以上に日韓交流に注力し、政治・外交と経済の切り離しの機運を盛り上げて行くことが肝要である。それは、政府の頑なな姿勢を変更させることにつながるだろう。

以上が日韓関係修復への道の第一段階である。

4、修復の第二段階――河野談話、村山談話等の立場に復帰すること

一九九三年八月、河野洋平官房長官（当時）は、韓国人の元従軍慰安婦らから日本国に対する訴えが提起され、国内においても、国際社会においても、日本批判が沸き起こる中、日本政府として、①当時の軍の関与の下に、多数の女性の名誉と尊厳を深く傷つけた問題であり、②被害者に対し、心からお詫びと反省の気持ちを表す旨の談話を公表した（河野談話）。

一九九五年八月、村山富市首相（当時）は、閣議決定をへた「戦後五〇周年の終戦記念日にあたって」と題する声明で、「わが国の植民地支配と侵略によって、多くの国々、とりわけアジア諸国の日知人に対し、多大の損害と苦痛を与えたことを認め、痛切な反省と心からのお詫びの気持ちを無からしめんとするが故に、疑うべくもないこの歴史の事実を謙虚に受け止め、ここにあらためて痛切な反省の意を表し、心からのお詫びの気持ちを表明いたします。また、この歴史がもたらした内外すべての犠牲者に深い哀悼の念を捧げます」と述べた（村山談話）。

さらに、河野談話と村山談話の骨子は、一九九八年一〇月、日本国内閣総理大臣小渕恵三と大韓民国大統領金大中がとりかわした「日韓共同宣言——二一世紀に向けた新たな日韓パートナーシップ」に受け継がれ、「小渕総理大臣は、今世紀の日韓両国関係を回顧し、我が国が過去の一時期韓国国民に対し植民地支配により多大の損害と苦痛を与えたという歴史的事実を謙虚に受けとめ、これに対し、痛切な反省と心からのお詫びを述べた」と明記されるに至った。

これらは、戦前の朝鮮半島や台湾などの植民地支配について、「これら地域は日本領有となった当時はいずれも最もアンダー・デヴェロップトな地域であって、各地域の経済的、社会的、文化的向上と近代化はもっぱら日本側の貢献によるものである」、「日本がこれら地域を開発するに当たっては、年々国庫よりローカル・バヂェットに対し多額の補助金をあたえ、又現地人には蓄積資本のない関係上、多額の公債及び社債を累次内地において募集して資金を注入し、更に多数の内地会社が、自己の施設を現地に設けたものであって、一言にしていえば日本のこれら地域の統治は『持ち出し』になっている」（前掲外務省「割譲地に関する経済的財政的事項の処理に関する陳述」）などと、むしろ居直りとも言うべき強弁を続け、朝鮮、中国をはじめアジア諸国への侵略戦争を、さすがに西欧列強からアジア諸国を守るための聖戦であったとは表明しないもののその心性をにじませつつ、その不当性を一切認めようとはしなかった日本政府が、その姿勢を転換させ、少なくともそれらが不当であったことを認め、反省と謝罪の言葉を表明したものであった。

二〇一二年一二月に発足した第二次安倍政権は、これらを見直そうと試みたものの、失敗に帰した形になっていることは既に述べたとおりである。だがそれは表面的、公式的なことである。

安倍首相は、河野談話、村山談話を承継することを表明した二〇一四年三月一四日の参院予算委における答弁から、まだ五か月しか経っていない、同年八月一四日、終戦七〇周年の「内閣総理大臣談話」を発表した。その中には次のようなくだりがある（首相官邸ホームページ）。

百年以上前の世界には、西洋諸国を中心とした国々の広大な植民地が、広がっていました。圧倒的な技術優位を背景に、植民地支配の波は、十九世紀、アジアにも押し寄せました。その危機感が、日本にとって、近代化の原動力となったことは、間違いありません。アジアで最初に立憲政治を打ち立て、独立を守り抜きました。日露戦争は、植民地支配のもとにあった、多くのアジアやアフリカの人々を勇気づけました。世界を巻き込んだ第一次世界大戦を経て、民族自決の動きが広がり、それまでの植民地化にブレーキがかかりました。この戦争は、一千万人もの戦死者を出す、悲惨な戦争でありました。人々は「平和」を強く願い、国際連盟を創設し、不戦条約を生み出しました。戦争自体を違法化する、新たな国際社会の潮流が生まれました。

当初は、日本も足並みを揃えました。しかし、世界恐慌が発生し、欧米諸国が、植民地経済を巻き込んだ、経済のブロック化を進めると、日本経済は大きな打撃を受けました。その中で日本は、孤立感を深め、外交的、経済的な行き詰まりを、力の行使によって解決しようと試みました。国内の政治システムは、その歯止めたりえなかった。こうして、日本は、世界の大勢を見失っていきました。

日本では、戦後生まれの世代が、今や、人口の八割を超えています。あの戦争には何ら関わりのない、私たちの子や孫、そしてその先の世代の子どもたちに、謝罪を続ける宿命を背負わせてはなりません。

これは我が国のそもそもの植民地支配と侵略戦争の始まりを、西欧列強からの独立を保持し、自立的近代化を成し遂げるための義挙であり、西欧列強の植民地支配の下にあったアジア、アフリカの人々を勇気づけたなど美化し、第一次世界大戦から第二次世界大戦への過程を、世界恐慌、経済ブロック化という外因に翻弄され、世界の大勢を見失った結果だと責任転嫁をする姿勢をにじませている。そして、とどめは「あの戦争には何ら関わりのない、私たちの子や孫、そしてその先の世代の子どもたちに、謝罪を続ける宿命を背負わせてはなりません」と、謝罪と反省の打ち止め宣言をしているのである。

なんのことはない。これは、事実上、河野談話、村山談話、日韓パートナーシップ宣言からの離脱宣言であった。

そのことが、一つは、同年一二月の慰安婦問題合意で、慰安婦問題は「最終的かつ不可逆的に解決された」と確認したことで終わっており、あとは一切関係ないと切り捨てたことに、もう一つは、新日鉄大法院判決後のゴリ押し的対応となっていることに、示されているのである。

そこで日韓関係修復の第二段階は、戦前日本の植民地支配、侵略戦争を不当であり、真摯に反省と謝罪をするとの立場に日本政府及が名実ともに立ち返ることである。それは言うなれば原点であり、その原点から、慰安婦問題合意の挫折と徴用工問題に関する韓国司法府の最終判断について、冷静に検討しなおしてみる余地が生じ得ることになる。

即ち、①慰安婦問題については、先の合意に魂を入れなおすための再検討をすることが可能となり、②徴用工問題についても、日本政府の現在の公式見解が唯一絶対のものではなく、日本の最高裁判決のように和解をよしとする立場もあり得る、かつての柳井外務省条約局長が国会答弁で示した見解もあり得る、新日鉄大法院判決の解釈も十分あり得る、そのような多様で柔軟な判断をする地平が広がることになる。そこにはじめて外交が成り立ち、話し合いによって解決を進める道が開かれるのである。

以上が日韓修復への道の第二段階である。

5、修復の第三段階——朝鮮侵略と植民地支配が国際法違反だったと明らかにする

修復の第二段階は、未だスタートラインに立ち戻った段階である。その段階にとどまっていては、再びゆり戻しが起こり、関係がギクシャクすることもあり得る。日韓両国が、真に友好と連帯の関係を築きあげるためには、日韓両国の間に横たわる問題、即ち、近代日本の朝鮮に対する侵略戦争と植民地支配の歴史を直視し、それが今日の国際法に反するものであることは勿論、往時の人道と正義の通念及び国際法にもとるものであったことを日本政府と日本国民が率直に認めることが必要である。

そこで、朝鮮に対する侵略戦争と植民地支配の歴史を、その始まりから日露戦争終結まで、第二次日韓協約締結経緯及び日韓併合条約締結の三段階に区分して概観してみることとする。

近代日本の朝鮮に対する侵略戦争と植民地支配の歴史、それは以下述べるように実におぞましいものであった。

（参考文献：岡義武『明治史（下）』岩波文庫、隅谷三喜男『大日本帝国の試練』中公文庫、鈴木敦『維新の構想と展開』講談社学術文庫、千葉功『日清・日露戦争』岩波講座日本歴史第一六巻所収、原朗『日清・日露戦争をどう見るか　近代日本と朝鮮半島・中国』NHK出版新書、海野福寿『韓国併合』岩波新書、原田敬一『日清・日露戦争』岩波新書シリーズ日本近現代史③、成田龍一『大正デモクラシー』同④、趙景達『近代朝鮮と日本』岩波新書、伊藤之雄『伊藤博文　近代日本を創った男』講談社学術文庫）

（1）朝鮮に対する侵略戦争と植民地支配の歴史――日露戦争終結まで

明治維新後の近代日本の朝鮮への武力を用いた干渉は一八七五年九月の江華島事件をもって嚆矢とする。江華島事件を引き起こした軍艦雲揚の艦長井上良馨は、事件の顛末を、同年九月二九日付報告書では、次のように報告していた。

江華島事件

長崎から清国牛荘までの航路研究の命を受けた。二〇日、江華島塩河河口付近でボートを降ろして、測量、調査及び朝鮮官吏に対する尋問のため、自らこれに乗り込み、塩河を遡ったところ、同島に設置された砲台や営門から大小砲の攻撃を受けた。小銃で反撃しつつ、帰艦。人的損害なし。翌二一日、雲揚にて塩河を遡り、攻撃を加える。第三砲台を砲撃して破壊、昼食後、第二砲台に陸戦隊を揚陸させ焼き払う。翌々二二日、永宗島砲撃。陸戦隊を上陸させ、朝鮮側の三五名余りを殺し、一六名を捕虜とした。陸戦隊の負傷者は二名、うち一名は帰艦後死亡。捕虜は、捕獲した大砲三六門、小銃等を運ばせた後解放。同夜は翌日午前二時に至るまで祝宴。さらに翌々々二三日、運びきれなかった捕獲品を積み込み、帰還の途に……

ところがその後以下のように書き直された（同年一〇月八日付同人報告書）。

九月二〇日、清国牛荘へむけて航海中、飲料水の欠乏を認めた。翌二一日、飲料水を求めて、ボートを降ろして自らこれに乗り込みに乗りこみ、江華島に向かっている途中、同島に設置された砲台から突如砲撃を受けた。すぐに帰艦し、ただちに反撃のため砲撃を開始し、江華島砲台を破壊。尋問のため、永宗城島の要塞を占領した。

加害者が被害者を装う典型である。この挑発の首謀者は海軍内の征韓派と推測されているが、わが国政府は、これを口実に、朝鮮政府に軍事力を誇示し、恫喝を加え、翌年二月、日朝修好条規なる通商条約を押し付けた。これは、治外法権を認めさせ、かつ関税は輸出入ともゼロとするもので、わが国が幕末に欧米諸国から押し付けられた不平等条約に輪をかけたものであった。このとき以来、わが国政府は、ことあるごとに朝鮮に干渉をしてきた。

朝鮮は利益線

思うに国家独立自営の道は、一に主権線を守御し、二に利益線を防護するにあります。何をか主権線という、国境これです。何をか利益線という、わが主権線の安全とかたく関係しあう区域これであります。今日列国の間に立って、国家の独立を維持しようと欲するなら、ただ主権線を守るのみでは足れりとせず、必ずや利益線を防護しなくてはなりません。それゆえに陸海軍に巨大の金額をさかなくてはなりません。

これは、第一帝国議会における有名な山県有朋首相の冒頭演説（一八九〇年一二月六日）の一節だが、ここには「利益線」たるべきものの固有名詞が入っていない。

しかし、これより九か月前の同年三月、山県首相は、閣員に『外交政略論』なる意見書を回覧し、朝鮮を清国の属国から離脱せしめ、ロシアの干渉を排し、朝鮮におけるわが国の優越的地位を確保することに失敗すればわが対馬の主権線は「頭上に刃を掛くる」形成を迎えることになるとして、軍備の急速な拡充を求めている。

朝鮮は、主権線たるわが国領土の死命を制する「利益線」であると定義され、武力を用いてでもこれを確保することを至上命題とすることが宣言されたのである。

日清戦争は朝鮮侵略戦争だった

かくして、朝鮮に対し、その宗主国たる清国の支配を断ち切り、わが国の影響力と支配を確立しようとして、わが国と清国との熾烈な争いが繰り広げられることになった。その天王山が一八九四年七月二五日豊島《ブンド》沖海戦で火ぶたを切られた日清戦争であった。

一八九二年末以来、朝鮮において東学という朝鮮独自の宗教団体が指揮する農民蜂起が各地に頻発、一八九四年五月には大規模な暴動に発展した（従来、「東学党の乱」と呼ばれていたが、近時は「甲午農民戦争」と呼ばれるようになった）。そこで、朝鮮政府の要請ということで清国は、同年六月、軍隊を朝鮮に送り込む。

清国からの出兵通知を受け取るとわが国も、直ちに、公使館及び在留邦人を保護するとの名目で、混成一旅団（七〜八〇〇〇名規模）を朝鮮に派兵することを決定し、実行した。日本の出兵が、朝鮮政府の要請によるものではないことは勿論、公使館及び在留邦人を保護する目的をはるかに超えるもので、わが国の「利益線」朝鮮を確保するための侵略であったことは言うまでもない。

両軍が朝鮮に上陸し、それぞれ布陣を固めた頃には、朝鮮政府と農民軍との間に和約が成立し、農民軍は鉾をおさめ、平穏化していた。当然両軍とも撤収するべきところだが、そうはしなかった。朝鮮支配をめぐる暗闘である。

七月二三日、わが国の派遣軍は、王宮内に乱入し、清国に頼る朝鮮政府の閔妃派*を追放、これと敵対する大院君*派の新政府を擁立し、その新政府から清国軍退去要求があったものと勝手に認定して、清国軍追討のために軍事行動に移った。これはあらかじめ周到に仕組まれた筋書きどおりの行動であった。

かくして朝鮮国内を舞台に日清戦争の戦端が開かれたのである。朝鮮の国土が戦場になると、朝鮮民衆は、日本軍の人馬・糧食の徴発に強く反発、農民戦争が再発する。日本軍は、それら農民部隊と各地で交戦し、激しい弾圧を加えた。農民側の死者数は五万人に迫るという推計もある。

日清戦争は、まさに朝鮮侵略戦争だったのである。

ロシアが脅威として浮上

＊閔妃派とは、国王高宗の王妃・閔妃の出身である閔氏一族のこと。大院君とは、国王の父の称号で、大院君派とはその取りまきの一派。

さて日清戦争に勝利したわが国は、一挙に朝鮮への支配を固めようするが、いわゆる三国干渉の余波で、ロシアの支援を得た閔氏派が巻き返す。

焦った駐韓公使三浦梧楼（陸軍中将）は、大院君を担ぎ出し、下関講和条約締結からまだ半年しか経っていない一八九五年一〇月八日、日本軍守備隊と日本人壮士（大陸浪人）など四五〇人を動員して王宮を占拠させ、クーデタの挙に出た。このとき日本人壮士の一団が王宮内居所に乱入し、閔妃を斬殺、焼却するという凄惨な事件を引き起こした。これを乙未《いつび》事変と言う。

しかし、このクーデタは、結果として失敗に終わる。

まず、事件の推移を目撃した外国人らの証言で、日本は、国際的な非難にさらされたばかりか、朝鮮民衆の激しい憎悪の的になってしまった。

次に事変後、閔氏一族のみならず、大院君派も政府から排除され、朝鮮の近代化を急ぐ開化派が政府を牛耳り、日本の明治維新後の変革に倣った改革を進めようとしたが、民衆からも国王高宗からも信任されず、翌一八九六年二月、親露派がクーデタを敢行、開化派を失脚させた。国王高宗《コジョン》は、ロシアの庇護のもとに置かれ、ロシアは朝鮮への影響力を強めることになった。

朝鮮侵略戦争としての日露戦争と「日韓議定書」・「第一次日韓協約」

日本と清国の間で繰り広げられた韓国（既に触れたように一八九七年一〇月、朝鮮王国は大韓帝国と国号を改めた）の支配をめぐる争いは、清国が脱落した今、日本とロシアの間で繰り広げられることとなった。その争いの天王山が一九〇四年二月に勃発した日露戦争である。

日清戦争で日本が勝利し、清国の弱体化を見た欧米列強が清国の分割を競う中、ロシアも遼東半島の旅順・大連租借権と南満州鉄道敷設権等を確保する。さらに一九〇〇年七月、義和団の乱*の余波が満州に及ぶや、在満ロシア人と東清鉄道*の保護を名目にロシアの大軍が満州に侵攻し、居座りを続けた。それにとどまらず、ロシアは、韓国と満州の国境を流れる鴨緑江の韓国側の森林を買収し、その開発にも触手を伸ばして来た。こうしたことから、わが国とって、ロシアが、「利益線」たる朝鮮への現実の脅威として浮上したのである。

＊義和団の乱とは西欧列強による清国の分割に憤激した清国民衆の蜂起。一八九〇年六月、北京を制圧するに至ったが、英米仏露日等の八か国軍に鎮圧された。義和団とは、民衆宗教団体がバックとなった秘密結社。清朝＋義和団対八か国連合軍の戦争と言う意味で、北清事変もしくは北清戦争の呼称が使われることが多い。

＊東清鉄道とはシベリア横断鉄道の支線で、満州を横断してウラジオストックに至る。ハルビンで分岐し、奉天から遼東半島を縦断するそのまた支線を南満州線と呼び、日露戦争後、この南満州線の長春以南の権益は日本に移譲された。

しかし、日本政府にとって、ロシアは清国とは比べものにならない大国であり、できれば戦争を回避したいところであったのだろう。最終盤ギリギリまで日露協商の成立に努めた。日本政府の案は、日本が満州におけるロシアの特殊権益を認めるかわりに、ロシアは韓国における日本の特殊権益を認めるというわゆる「満韓交換論」であったが、相互の駆け引きやロシア側の意思決定の遅れなどが災いして、交渉妥結には至らず、一九〇四年二月四日、日本政府は開戦を決定するに至った。

この経過を見て言えることは、日露戦争も、わが国の「利益線」韓国を確保することを名分とした韓国侵略戦争だったということである。

戦争の名分ばかりでなく、その実際の過程も韓国侵略そのものであった。宣戦の詔勅発布は一九〇四年二月一〇日であるが、実際の戦闘は、二月八日、日本艦隊が旅順港に停泊中のロシア艦隊に奇襲攻撃を加え、続いて九日仁川上陸作戦を護衛する艦隊が仁川港沖でロシア軍艦を攻撃することによって口火が切られた。

仁川に上陸した陸軍臨時派遣隊二八〇〇名は、直ちに首都漢城に進軍、これを制圧するに至った。その後もひき続いて主力部隊が続々仁川に上陸した。

このような軍事制圧下において、韓国の中立宣言を無視し、林権助駐韓日本公使は、韓国政府と談判の上、韓国政府内の異論を実力で抑圧し、二月二三日、韓国国内での日本軍の軍事行動と韓国政府のこれへの便宜供与、韓国内政への日本政府の介入権を保障した「日韓議定書」に調印させた。

同年四月には、新たに編成された韓国駐劄軍が韓国国民を対象として過酷な内容の軍律を制定、施行、韓国を軍事占領下に置くに至り、韓国民衆の抵抗には厳罰を科して臨んだ。

同年五月には、日本政府は、「対韓施設要綱」なる軍事、外交、財政、交通、通信、産業の各般にわたる植民地経営のマスタープランともいうべき施策を閣議決定し、これを実行に移していく。

同年八月には日本政府は、「第一次日韓協約」を韓国政府に押しつけ、財務、外交に関し、日本政府の推薦する顧問を置く義務、条約締結その他の重要なる外交案件処理について事前に日本政府と協議するべき義務を確認させた。

同年一〇月には、抵抗派の拠点になっている咸鏡道に直接軍政を敷いた。


「朝鮮保護権確立の件」

奉天会戦を勝利とは言えないまでも押し切り、いよいよ日露戦争も終幕を迎えんとした一九〇五年四月、日本政府は「韓国保護権確立の件」なる施策を閣議決定、天皇の裁可を得るが、これは韓国を内政、外交全般にわたり、日本の支配下に置くというもので、さすがにその実行は、国際環境の整備を待ってからということにとどめ置かれた。

かくして保護の名のもとに進められた韓国の植民地化は、新たな段階を迎えつつあった。なお、一九〇五年二月、日本政府は、島根県告示で、竹島（独島）を同県に編入したが、これもこのような軍事的制圧下においてであったことを忘れてはならない。

（2）朝鮮に対する侵略戦争と植民地支配の歴史——第二次日韓協約締結経緯

日露戦争は、薄氷の上の勝利であったが、とにもかくにもわが国の勝利であった。大国ロシアに勝利したことにより、わが国の国際的威信は高まり、わが国は、一躍、帝国主義列強に伍する地位にのぼり詰めた。いよいよ先の「韓国保護権確立の件」を実行に移す段階にたどりついた。

アメリカのポーツマスで日露講和会議が始まったのは一九〇五年八月一〇日であるが、同日、第二次日英同盟が調印された。その第三条で、次のように規定された。

日本国は韓国において政事上、軍事上及び経済上の卓絶なる利益を有する故に、大ブリテン国は、日本国が該利益を擁護増進するために正当且必要と認める指導、監理及び保護の措置を韓国において執る権利を承認する。但し、当該措置は常に列国の商工業に対する機会均等主義に反しないことを要する（原文を読みやすく改めた）。

一方、ポーツマスでの講和会議は難航したが、ようやく九月五日調印されるに至った。その第二条で次のような確認がなされている。

ロシア帝国政府は、日本国が韓国において政事上、軍事上及び経済上の卓絶なる利益を有することを承認し、日本帝国が韓国において必要とめる指導、保護及び監理の措置を執るにあたり、これを阻害し又はこれに干渉しないことを約す（同右）。

さらに、これらに先んじて、桂太郎首相兼外相は、フィリピン訪問の途中に来日したアメリカの特使、ウィリアム・タフト陸軍長官と会談し、同年七月二九日、以下のように確認しあった（桂・タフト協定。後、セオドア・ローズヴェルト大統領の承認を得て、国家間の正式合意となる。なおタフトは、この四年後、ローズヴェルトのあとを継いで大統領に就任した）。

桂は、「韓国が日露戦争の直接の原因であると指摘、朝鮮半島における問題を全面的に解決することは日露戦争の論理的な帰結であり、もし韓国がこのまま放置されるような事態になれば、再び同じように他国と条約を結んで日本を戦争に巻き込むだろう。従って日本は、韓国が再度別の外国との戦争を日本に強制する条約を締結することを防がなければならない」と主張。タフトは、それが正当であることを認め、「韓国が日本の同意なく条約を締結できなくなるように日本の韓国に対する保護権を確立することが日露戦争の論理的帰結であり、東アジアの安定性に直接貢献する」ことに同意した。

これで列強からの介入は防げる見込みがついた。こうなれば善は急げ、だ。元老トップで、二度目の枢密院議長の任についていた伊藤博文が特派大使として、韓国を保護国化する協約案を携え、林権助駐韓公使を伴い、韓国皇帝高宗に談判に及んだ。一一月一五日のことである。

高宗が、事は重大だから、臣下の者に諮り、人民の意向も察する必要があると言って回答を留保すると、伊藤は、「貴国は憲法政治にあらず、万機すべて陛下の御親裁に決すという所謂君主専制国にあらずや。しかして人民の意向云々とあるも、さだめてこれ人民を扇動し、日本の提案に反抗にせんとの思し召しと推せらる。昨今、儒生らを扇動して、秘密に反対運動をなさしめつつありとのことは、とく我が軍隊の探知したるところなり」、「直ちに外部大臣をお召しありて、林公使の提案に基づき直ちに協議をまとめ、調印の運びに取り計らうべき旨勅令を下されたし」、とすごむ。

一六日、伊藤特使及び林公使は、韓国政府各大臣に協約案を説明したが、異論が多くまとまらない。一七日も続く。王宮前には、保護国化に反対する人々が結集し、それを完全武装の日本軍兵士が制圧する。日本軍兵士は、行進を繰り返し、王宮城門を占拠し、大砲を据え付ける。不安と恐怖に駆られつつも韓国政府各大臣らは、反対意見を変えない。同日午後に行われた御前会議でもまとまらない。伊藤特使は、夜、御前会議を再開することを求めたが、高宗が病気を理由に欠席する。やむを得ず、閣議形式の会議となる。会議が開かれた王宮は、既に、日本軍兵士は皇帝の寝所近くにまで着剣した銃を構えて立ち、日本軍兵士に制圧された状態になっている。

伊藤特使は韓国駐劄軍司令官長谷川好道大将を伴い、会議に出席、各大臣に一人ずつ意見を述べさせる。反対意見を述べたのは、二人、参政大臣（総理大臣）と度支部大臣（財務大臣）だけであったが、彼らも伊藤特使のさらなる追及に沈黙を余儀なくされた。

かくして銃剣による脅迫の下、「第二次日韓協約」が、同日、調印された。それには、①韓国の外交は日本外務省が監理・指揮し、韓国国民に係る外交保護権は日本外務省が行使する、②韓国と外国の間に現存する条約は日本政府がその実行にあたり、今後、韓国政府は、日本政府の仲介によらずに国際条約を締結しない、③日本政府は、皇帝の下に一名の統監を置く、などとある。

同協約の文面上は「統監は専ら外交に関する事項を管理するため京城に駐在する」とあるだけで、内政を管理する権限は明記されていないが、それを排除する趣旨ではないことは、当時の国際法の権威・立《たち》作太郎東京帝国大学教授の「保護国の内治監督は第三国に対する保護を与える国の責任である」との見解、つまり内政上の監督権は外交上の監督権の当然の帰結であるという見解を支えとして、翌年三月着任した伊藤初代統監の実際の行動によって証明された。

「統監は、欲することは何でもできる韓国の事実上の最高行政官であった。かれは公益に害ありと考える秩序や手段は、何であれ排除する権限を有した。理事官は日本人で、全国に置かれ、実際には知事として振舞った。各省には日本人の責任者や顧問が置かれたが、大臣をのぞくと、すべての役人の任命権は統監の手に帰した。こうして、統監は韓国の独裁者となったのである」(Fred Arthur McKenzie "Korea S Fight for Freedom" 隅谷三喜男『大日本帝国の試練』中公文庫より)

韓国が、名実ともに日本の保護国とされ、事実上日本の植民地と化したのは、このときに始まる。韓国民衆の中から、心ならずではあったとは言え協約に同意した閣僚たちの処刑を求める声が澎湃として沸き起こり、各地に、協約の破棄を求め、武器をとって立ち上がる義兵蜂起が頻発したが、武力にまさる日本軍により鎮圧された。

(3) 朝鮮に対する侵略戦争と植民地支配の歴史——日韓併合条約

ハーグ密使事件と高宗の譲位強要

高宗自身も、さまざまな抵抗を試みる。それに対して、伊藤統監は、幾度も高宗を厳しく問い詰めるが、決定的な証拠がないので具体的措置をとれないまま推移した。しかし、一九〇七年六月、オランダのハーグで開催中の第二回万国平和会議に、高宗が国際社会に自国の独立に対する無法な侵犯を訴えるため密使を送った事実が露見してしまった。同年七月一二日、日本政府（西園寺公望首相）は、この事実を確認し、これは日本に対する反逆行為だと断じ、「帝国政府は現下の機会を逸せず韓国内政に関する全権を掌握することを希望する」とし、その具体案の検討状況を記した対韓処理方針を、伊藤統監に伝達した。

伊藤統監は、これを踏まえて直ちに、高宗に謁見し、このような陰険な手段で日本の保護権を拒否するくらいなら日本に宣戦布告した方がてっとりばやいではないかなどとなじり、参政大臣（総理大臣）を呼んで、日本は韓国に対し宣戦布告する十分な理由があるなどと凄み、ついに同月一九日、譲位を決定させ、翌二〇日、新帝純宗《スンジョン》が即位した。

第三次日韓協約・義兵蜂起

譲位の強制に抗議して、再び義兵蜂起の争乱が発生すると、伊藤統監は、間髪を入れず、同月二五日、韓国政府に閣議を開かせ、「第三次日韓協約」案を提示して、これを承諾させた。「第三次日韓協約」は、「第二次日韓協約」では内政に関する統監の権限が文言上ややあいまいであったためこれを明確化し、統監の推薦する日本人を韓国官吏に任用することなどが定められた。またこれに附属する秘密覚書で、韓国軍隊の整理、韓国各部（日本の「省」にあたる）の次官、警察部門の長を日本人とすることなどが約定された。まさに韓国は日本の支配下に置かれ、大韓帝国は名目のみの存在となったのである。

その後続々と日本人が各部の次官・官吏として、或いは警察局長・警察官として送り込まれ、韓国政府の実権を掌握した。送り込まれた官吏、警察官の員数は、一九〇九年一二月段階で、官吏が五三七〇名（韓国人官吏六八三七名）、警察官二一三六名（韓国人警察官三二五二名）と記録されている。

また韓国軍隊の整理は、協約調印後の八月一日から順次行われ、当時の韓国国軍将兵九一七一名のうち儀仗兵を除く八四二六名が解散させられた。そのうち数千名が、武器・弾薬を持って反乱を起こし、日本軍に鎮圧された。この軍隊解散に伴う反乱における死傷者は反乱軍将兵一八五〇名、日本軍将兵六八名であった。

鎮圧されないで逃亡した将兵は、義兵となって農民らとともに各地で日本支配への抵抗を続けた。こうした抵抗を抑圧する弾圧機構も整備された。韓国駐箚軍憲兵隊とその配下の韓国人補助憲兵制度が設けられ、警察機構も完全に憲兵隊の指揮下に置かれることになった。

憲兵隊・警察隊の義兵狩りや義兵蜂起に対する日本軍の鎮圧作戦は陰惨を極め、村落ごと焼き払う文字通りのせん滅作戦も繰り広げられた。一九〇七年から一九一〇年までの殺戮総数は、実に、約一万七〇〇〇名、これは韓国駐劄軍が計上した表向きの数字である。

韓国併合――「小早川 加藤 小西が 世にあらば……」

さて一般に、植民地は、宗主国にとって以下の要求を満たす存在でなければならない。第一に宗主国産業にとって良好な市場でなければならない。第二に宗主国にとって必要有益な物品及びチープ・レーバーの供給源でなければならない。第三に宗主国の資本の有望な投下先でなければならない。第四に宗主国の過剰人口を吸収し、彼らが平穏な生活を営める所でなければならない。「第二次日韓協約」及び「第三次日韓協約」により日本の支配下に組み入れられたとは言え、形の上ではそれは間接支配である。これらの要求を満たすことを至上目的とすれば、それは迂遠であるし、多少の障害もあり、これらの要求を完全に満たすには不十分である。そのようなことから日本政府は一九〇九年三月、「韓国併合に関する件」の検討作業に入り、同年七月には閣議決定に至る。そしてそれを実行に移すための条件整備を急ぐことになった。この点は、伊藤統監の思いとはすれ違うものがあったようだ。*

その条件として日本政府が重視したことは、①同盟国イギリスをはじめ、列強諸国の同意が得られること、②韓国内に内応者を扶植し、声を上げさせること、③国民が併合を後押しすること、④韓国統監に併合を推進する武断派の人物を据えること、この四つである。

以上のうち②はやや複雑である。内応する声があがることは①の列強諸国の同意を得るのに役立つし、日本のゴリ押しを隠ぺいするのに好都合である。しかし、内応者が声を上げれば逆に反対の声も大きくなり、混乱を生じる。そこで内応者が具体的行動に出た段階で、すぐに打ち止めにする。こうした実に巧妙な策が実際にとられた。その走狗となったのは日本の国家主義団体がテコ入れをした「一進会」なる組織で、その中心メンバーはかつて日清戦争の引き金になった「甲

＊近代日本政治史の研究者の中に、伊藤博文は、韓国併合には必ずしも積極的ではなかったと指摘する有力な見解がある。確かに、伊藤の対韓姿勢は、山県有朋など藩閥実権者とは異なり、穏健で融和的、あるいはまた開明的であったと言ってよく、第二次日韓協約調印に際しても、前文に「韓国ノ富強ノ実ヲ認ムル時ニ至ル迄」と挿入し、第五条として「日本政府ハ韓国皇室ノ安寧ト尊厳ヲ維持スルコトヲ保証ス」と追加したり、在韓日本人の集まりで、韓国人を瞞着もしくは侮辱してはならないと諭したり、韓国の近代化を日本の明治維新後の改革に倣って押し進めようとしたりしたし、韓国併合にも一九〇九年四月に至るまで、同意しなかったことは事実のようである（伊藤之雄・前掲、瀧井一博『伊藤博文　知の政治家』中公新書）。しかし、山県に連なる藩閥実権派、とりわけ軍部の強硬な姿勢の前には、それは無力であり、結局は、飲み込まれてしまったと評さざるを得ない。

午農民戦争」の主体となった東学教徒の流れをくむ人達からなる集団であった。これは歴史の皮肉と言うべきか。

①の列強諸国の同意も得られ、③の国民の韓国併合を支持する世論も高まり、そして④も一九〇二年以来陸軍大臣と務めてきた寺内正毅陸軍大将が一九一〇年五月、陸軍大臣兼務のまま統監に就任することになり、全ての条件が充たされた。

日本政府が韓国併合を決定したのは、上記閣議決定から約一年後の同年六月のことである。そのとき決定した「併合後の韓国に対する施政方針」（閣議決定）は以下のとおりである。

・朝鮮には当分の間、憲法を施行せず、大権により統治する。
・総督は天皇に直隷し、朝鮮における一切の政務を統括する権限を有する。
・総督は大権の委任により、法律事項に関する命令を発する権限を有する。

つまり植民地朝鮮は、明治憲法も及ばず、臣民の権利さえ与えられず、天皇の大権が一切の緩衝なしに総督を通じて行使される法的異界で、後に制定された勅令「朝鮮総督府官制」には、総督は陸海軍大臣をもって任じ、委任の範囲で陸海軍を統率すると定められており、ある意味で戒厳令下にあるが如き境域であったと言える。

八月一六日、寺内統監は、参政大臣（総理大臣）に併合条約案を示し、「日本政府は韓国を守るため、二回の戦争をし、数万の生霊と幾億の財貨を犠牲にし、韓国の制度の改善に努めたが、現在のままではそれを完全にやり遂げることはできない。韓国皇室の安全を保障し、韓国国民の福利向上のためには、両国併合するほかはない」とその受諾を求めた。参政大臣は、反対ではあったがもはや抵抗する術はなく、同月一八日、閣議で他の閣僚を説得し、受諾を決定するほかはなかったのである。わが国における天皇の裁可をまって、「韓国併合に関する条約」が調印に至ったのは同月二二日のことであった。

同条約の第一条は「韓国皇帝陛下は、韓国全部に関する一切の統治権を完全且つ永久に日本国皇帝陛下に譲与す」とあり、第二条は「日本国皇帝陛下は、前条に掲げたる譲与を受諾し、且全然韓国を日本帝国に併合することを承諾す」とあって、対等・任意の併合である風を装っているが、ここまでの経緯を見れば、それは大蛇が蛙を飲み込むような類のものであったことは明らかである。

初代総督は寺内正毅陸軍大将。彼が併合条約調印の夜の祝宴で次の歌を読んだと言う。

「小早川　加藤　小西が　世にあらば　今宵の月を　いかに見るらむ」

小早川 加藤 小西とは朝鮮侵略をした秀吉軍の武将であることは言うまでもない。寺内にとって、と言うよりは一部の日本人にとって、一九一〇年八月二二日の韓国併合は、一六世紀末、文禄・慶長の役で果たせなかった朝鮮征服の夢の実現だったようである。

寺内総督以下の各総督を司令官とする事実上の戒厳令行政の下で、朝鮮の民衆が、どのような辛苦をなめてきたか、またどれほど非人間的扱いを受け、虫けらのように生命を奪われてきたか。そのほんの一端は既に触れたことがある。既にこの項の記述も長くなり過ぎたので、朝鮮に対する侵略と植民地支配の歴史をたどるのはこの程度で終えることにする。

(4) 正義・人道の通念、国際法に照らし許されないものであった

さて日本による朝鮮(韓国)侵略と植民地支配を、人道・正義の通念、国際法の見地から、どのように評価するべきであろうか。と言っても、法の不遡及の原則は国際法の分野でも妥当するから、現在の人道・正義の通念、国際法によって判断することは相当とは言えない。

「もはや無効」か「当初より無効」か

よく知られているように、一九六五年六月二二日、日韓請求権協定、日韓文化財協定などとと

もに調印された日韓基本条約第二条は「一九一〇年八月二二日以前に大日本帝国と大韓帝国との間で締結されたすべての条約及び協定は、もはや無効であることが確認される」と規定されている。「『もはや』無効である」とはなんと不思議な言い回しであろうか。

これは日韓併合条約と上述したそれに至る一連の協約は、武力による脅迫により強制されたものであり、違法無効であるとの韓国側の主張と、それらはいずれも対等・任意の合意に基づくもので適法・有効であったが日本敗戦とサンフランシスコ平和条約により失効するに至ったのだという日本側の主張が対立し、平行線をたどったために、「もはや（already）」という語句を挿入することにより玉虫色の決着を図ったものであると言われている。

従って、上記の争点は、真の合意には達しておらず、現在に持ち越されたままである。

私は、以上に述べてきた歴史的事実からすれば、韓国側の主張に分があると考えるが、それだけではなく、当時の正義・人道の通念、国際法に照らしても、そのような断を下すことができると考えるものである。以下、その理由について、述べてみることとする。

（参考文献：田岡良一『国際法上の自衛権』勁草書房、田畑茂二郎『国際法第二版』岩波全書セレクション）

近代国際法は侵略を許容したか

近代国際法の成立・展開は、一七世紀ヨーロッパにおける主権国家群の成立及び国際関係の展開と軌を一にしていた。三〇年にわたって繰り広げられた宗教戦争後のヨーロッパ国際秩序を定めたウェストファリア条約（一六四八年）と、「国際法の父」と後世に呼ばれることになったフーゴ・グロティウスの著作『戦争と平和の法』（一六二五年）の刊行は、そのことを象徴的に示す出来事であった。

グロティウスは、「法なくして存在しうる社会はないとするならば、すべての人類よりなる社会においても法は無視されない」とヨーロッパ主権国家群の国際社会に人類普遍法思想に基づく国際法が適用されるべきことを高らかに宣言する一方で、「君主ならびに君主と同等の権利をもつものは、自己またはその臣下に対して加えられた危害に対するだけではなく、直接彼らに関係はしないが、いかなる者に関しても、甚だしく自然法または国際法を破ってなされた危害に対して、処罰を要求する権利をもっている」と主権国家が戦争に訴える権利を持つこと、すなわち「正戦論」を説いている。

一八世紀後半になると、ヨーロッパにおいて、絶対王政が退行し、国民的基盤をもった国民国家への編成が進行する。それは、一方で主権国家間の自由と平等の観念を生成させるとともに、他方で、戦争の自由、すなわち無差別戦争観を確立させる。戦争には正しい戦争も邪悪な戦争もない、主権国家の政策として行われるすべての戦争は正しいとの極論さえ横行する。

こうして国際法において、ヨーロッパ主権国家群は、互いに自己の利益を追求することが当然のこととされ、その結果紛争生じた場合には、外交交渉で解決できなければ、究極的な権利として戦争に訴えることが認められることになった。

国際法学において著名ないくつかの事例

しかし、いかに戦争に訴える権利が認められるとは言え、正義・人道の通念、国際法を無視してよいわけではなかった。この点をいわゆるカロライン号事件を例にとって確認しておきたい。

かつてアメリカとイギリス領カナダの境にあるナイアガラ川のカナダ領内にネイヴィ島というきな臭い名前の島がある。一八三七年当時、そこを拠点として、カナダの独立を目指す独立派が武器をとってイギリスと戦っていた。その独立派に対し、アメリカ人所有の船カロライン号が、アメリカ側とネイヴィ島との間を往復し、人員、武器その他の物資を輸送していた。イギリスは、アメリカにその取り締まりを要求したが、はかばかしい効果がない。そこでカナダ提督指揮下のイギリス軍は、アメリカ・ニューヨーク州シュロッサー港に停泊中のカロライン号を急襲し、火を放った上、ナイアガラの滝から落下させてしまった。

当然、この事件は、イギリスとアメリカとの間で、重要な外交案件となり、厳しい交渉が行われた。その過程で、アメリカ国務長官ウェブスターは、駐米イギリス公使フォスターに宛てた書簡で、「イギリス政府は、差し迫って圧倒的な自衛の必要があり、手段の選択の余地がなく、熟慮時間もなかったことを示す必要がある」、「たとえ仮にアメリカ領域への侵入がそのときの必要性よって容認されるとしても」、「非合理な、もしくは行き過ぎたことは一切行っていないことを示す必要があり、それは、自衛の必要によって正当化される行為が、かかる必要性によって限界づけられ、明白にその範囲内にとどまるものでなければならないからである」と主張し、イギリス政府に、カロライン号急襲とアメリカ領侵犯につき、自衛権の行使としての正当性の論証を求めた。

カロライン号事件は、現在の通念では、自衛権の行使と目されるような事案ではないが、かの無差別戦争観が支配していた時代にあっても、イギリスの武力行使が自衛権として正当なものかどうか、イギリス、アメリカ間で外交上の非難・応酬の対象となったのであった。

同様な事例はほかにも以下述べるように多数ある。

①一八〇七年・デンマーク艦隊事件――ナポレオン戦争の時代の事件。トラファルガー沖海戦においてイギリス艦隊が、スペイン・フランス連合艦隊を打ち破ったのは一八〇五年一一月だが、その後、イギリスは、当時、イギリスに次ぐ艦隊を保有し、中立政策をとっていたデンマークに艦隊引き渡しを、強く要求した。ナポレオン側に接収されてイギリスの脅威となることを

恐れたからである。デンマークはこれを拒否。イギリスは、デンマークに艦隊を派遣、コペンハーゲンを砲撃し、実力によりデンマーク艦隊を接収した。イギリスは、「危険は確実であり、切迫しており、極度のものであったから、緊急かつ重大な必要がある事態を形づくっており、ほかに取るべき手段を選択する余裕がなかった」とこの武力行使の正当性を主張した。

②一八一七年・アメリア島事件——アメリア島は現在のアメリカ・フロリダ州の南端の島、一八一七年当時はスペイン領であった。この島を拠点に無法者集団がスペイン政府の討伐をかいくぐり、密輸や海賊など犯罪行為を繰り返していた。そこでアメリカが、軍艦を派遣してこの無法者集団を鎮圧した。アメリカは、これを自衛行為として正当化した。

③一八三六年・米墨国境侵犯事件——メキシコ・インディアンの侵入に対し、アメリカ側がメキシコ領内に軍隊を派遣・駐留させた。アメリカは自己保存原則・不変の自衛原則を主張して武力行使を正当化した。

④一八七三年・ヴァージニアス号事件——キューバ独立のための武装集団を支援して物資・人員の輸送活動をしていたアメリカ船籍のヴァージニアス号をスペイン軍が公海上で拿捕し、サンチャゴに引致して、アメリカ人・イギリス人・キューバ人を軍法会議にかけて処刑した。スペインは、この武力行使を自衛行為と主張して正当化した。

⑤一八八六年〜八七年・ベーリング海オットセイ保護事件——一八六七年、ロシアからアラス

カを譲り受けたアメリカは、ベーリング海海峡にオットセイの禁漁区を設定。これに立ち入り、操業したイギリス、カナダ漁船を拿捕した。後に、アメリカは、仲裁裁判において自衛権を主張してそれを正当化した。

わが国が直面した事例

わが国にも、これらと同列に見られる事例がある。それは一八七四年五月の征台の役である。一八七一年一一月、琉球の宮古島から本島に年貢を運んで帰路についていた船が遭難し、台湾南部の東海岸・パーヤオワンに漂着、乗組員六六名中、五四名が原住民に殺害され、残り一二名が清国の地方行政機関に保護されるという事件が発生した。

かつて琉球は、薩摩藩に服属するところであったから、この事件の報が伝わると、鹿児島県士族は、台湾（蕃族）征伐の声に沸き立ち、自ら出兵することを願い出るもの後を絶たない状況となった。こうした動きにおされて、翌一八七二年五月、時の鹿児島県参事大山綱良（実質上の県行政責任者）は、政府に次のような建白書を差し出した。

伏して願わくは綱良皇威により、問罪の使を興し彼を征せんと欲す。故に謹んで軍艦を借り、直ちに彼が巣窟を指し、その巨魁をほろぼし、上には皇威を海外に張り、下には島民の怨恨を慰せんと欲す。

しかし、わが国政府としては、ようやく中央集権国家への緒についたばかりの今、鹿児島県に軍艦を貸して、台湾（蕃族）征伐をさせることなど出来ようはずもない。そこで、政府は、自らの手で、これを決行する検討を始め、一八七四年二月、「台湾蕃地処分要略」を決定し、同年四月はじめ、陸軍大輔西郷従道を台湾蛮地事務都督に任命して、出兵準備を整えた。

これに疑義を抱いた駐日イギリス公使・ハリー・パークスは、直ちに外務卿寺島宗則に会って、政府の意図を尋ねたところ、回答は以下の如くであった。

前年三月、清国に赴いた際に、清国政府に確認したところ、台湾蕃族は「化外に置き、甚だ理することとなさざるなり」と述べた。よって、台湾蕃族は清国の民ではないし、その住む所は清国の有効に支配する地ではない。無主の民であり、無主の地だから、これに兵を派遣して討つことは、清国が容喙できることではない。

とりあえず、パークスは、同月四日、イギリス駐清公使トマス・ウェードにこの経緯を伝え、清国の意向を打診するよう求めるとともに、同月七日、本国外務省宛に次のように報告した。

日清両国に紛争をひきおこすおそれのある事件が突発した。日本は士族階級をなだめるために、台湾の原住民を懲罰する遠征軍を派遣しようとしている。この原住民なるものは、すくなくとも遠征の名目上の目的を提供しているが、真の目的は台湾の一部の獲得である。清国政府の見解と意向を知るために、わたしはウェードに電報を打った。日本政府は、輸送用に外国船舶を雇用しようとしているからである。清国側がこの遠征を清国領土に対する侵略とみなす場合、イギリスは、危険、ことによったら戦闘行為に参加する危険をおかすことなしには、輸送に従事することはできない。他方、清国側がこの遠征に同意する場合、われわれとしては黙っているほかはない。

パークスは、清国の意向を把握するまで明確な抗議をすることを保留したようだが、日本政府にとっては、パークスによる疑義の提起はこたえたようだ。

そのパークスに比べ、日本政府に対してより明確な抗議を行ったのは駐日アメリカ公使ジョン・ビンガムであった。彼は、四月一九日までに、日本政府に対し、台湾全土が清国の領土であるという前提に立ち、日本が台湾（蕃族）征伐を実行することは清国に対する敵対行為であり、そのような目的のために、アメリカの船舶とアメリカ人を使用するは認めない、断固として阻止すると、強く抗議した。

驚いた日本政府は、同年四月一九日、急きょ出兵延期を決定した。そこで台湾蛮地事務局長官に任じられ、長崎に滞在していた参議大隈重信は、これに従い、遠征強行を唱える西郷の説得に努めた。

一方、パークスはと言えば、ウェードが要請に応じて清国の意向を確認し、同年五月二日、清国側は、日本の遠征については何も知らないこと、台湾は蕃地もその領土であると主張している旨の返信をパークスから受け取ったが、既に日本政府の出兵延期の決定に接していたので、特段の行動はとらなかった。

しかし、西郷は大隈の説得を聞き入れず、「この際姑息の策に出れば、かえって志気をうっ屈させ、わざわいは佐賀の乱の比ではない。強いて止めようとするなら、国には累を及ぼさないように、命令に反した賊徒となって生蕃の地を襲う」と述べて抵抗、同年五月二日には、谷干城（海軍少将）が、約一〇〇〇名の兵を率い、出発するところとなってしまった。

さてこの顚末を見ると、イギリスもアメリカも清国も、そして日本も、他国の領土に当該国の意思を無視して兵を送り、武力行使をすることは侵略として許されないことだとの共通認識があったことを示している。即ち、即ち、この件は、上記の諸事例の日本版と言えるのである。

（参考文献：萩原延壽『北京交渉』遠い崖―アーネスト・サトウ日記抄崖一一・朝日文庫、井上清『明

治維新』日本の歴史二〇・中公文庫)

近代国際法において、侵略は許されないとの行為規範は確立していた

カロライン号事件以下の諸事例は、無差別戦争観の支配する時代にあっても、侵略戦争や名分の立たない武力行使(戦争)は正義・人道に反し、許されるものではないとの通念が存在していたことを示していると言ってよい。曰く、自衛権の行使、曰く、緊急避難、曰く、自己保存原則等々。それらによって正当化できない武力行使(戦争)は侵略であり、許されないと。当時におけるこのような通念は、国家実践を規制する規範、即ち、国際法であった。

ただ、当時にあっては、集団的安全保障体制と言えるような国際組織が発達していなかったので、国際組織による制裁はなされず、国際法に違反する武力行使(戦争)は、当事国間の紛争として、最終的には相手国の自助・復仇によって決着をつけるしかなかった。だから相手国が弱小であれば、侵略の如き何ら正当化できない武力行使(戦争)も、たとえ国際法違反であろうと、これを咎める手立てがなかったのである。しかし、だからと言って、それが国際法上、適法であるというわけではないことは勿論である。

第一次世界大戦後、平和主義台頭の時代を迎え、国際連盟の創設と国際連盟規約、国際連盟のもとでの連盟と加盟国における平和の実践、ロカルノ条約、パリ不戦条約と、集団的安全保障の

ための国際組織が少しずつ進展する。そして第二次世界大戦後の国際連合の創設と国連憲章により、まだまだ不十分ながらも、一般的集団安全保障機構が確立した。そのことによって侵略のごとく国際法に違反する武力行使（戦争）に対しては、集団的措置によって事前抑止または制裁をする体制が順次整えられてきた。

くり返すと近代国際法の下で、侵略の如き何らの正当性をも持たない武力行使（戦争）は許されないという行為規範は早くから確立していた。しかしながら、それに対し、制裁・事前抑止の規定や手続き規定が未整備であったため実効性がなかったというに過ぎないのである。

これを比喩的に言えば以下のようになる。刑法典において罪となる行為を定めたものの罰則規定や刑事訴訟法がないため実際にこれを処罰できない状態だったと。やがて第一次世界大戦における未曽有の惨害に衝撃を受けた人類は、その行為規範を実効力ある規範とするために、処罰・事前抑止の規定や手続き規定の整備に取り掛かり、それらは逐次整えられ、現に整えられつつあるのである。

小括――植民地支配が違法だったとされる時代を展望しつつ

このように見てくると、上述した朝鮮（韓国）に対する侵略、そして侵略による武力制圧下で強要した第一次から第三次に至る日韓協約及び日韓併合条約は、正義・人道の通念、国際法に反し、違法・無効であったということになる。

また侵略過程及び植民地支配下で、朝鮮（韓国）の人々の生命、財産、平穏な生活、家族を奪い、苦役を強い、民族の誇りを奪うなど、日本政府が統監府または総督府を通じて朝鮮（韓国）の人々に対して行った諸々の事は、正義・人道の通念、国際法に反する不法行為であったことになる。

なお、附言しておけば、法の不遡及の原則は国際法の分野でも妥当すると前に述べたが、これにも再検討を迫る注目すべきことが起きている。二〇〇一年に国連主催のもとにダーバン人種差別反対国際会議が開催されたが、そこで採択された宣言の総論第一四項では、かつての植民地宗主国であった西欧諸国の消極的な議論を吸収しつつ、「植民地主義が人種主義、人種差別、外国人排斥および関連のある不寛容をもたらし、アフリカ人とアフリカ系人民、アジア人とアジア系人民、および先住民族は植民地主義の被害者であったし、いまなおその帰結の被害者であり続けていることを認める。植民地主義によって苦痛がもたらされ、植民地主義が起きたところはどこであれ、いつであれ、非難され、その再発は防止されねばならないことを確認する。この制度と慣行の影響と存続が、今日の世界各地における社会的経済的不平等を続けさせる要因であることは遺憾である」と謳われている。これは、国際法がかつて被植民地だった国々の国際社会への進出に伴って進化・発展を遂げつつあることを示す例である。

植民地支配が人道に対する罪として、その成立過程の如何を問わず違法とされる日が、やがて到来するかもしれない。

嫌韓バブルにほくそ笑んだり、嫌韓ヘイトにうつつを抜かすなぞ、もってのほかではないか。日本政府も国民も、今、以上述べたことを率直に認め、真摯に謝罪をしなければならない。それは、日本国民にとって痛みを伴うことかもしれないが、それ以上の痛みを朝鮮（韓国）の人々に与えてきたことを決して忘れてはならない。

そうすることは日韓関係の抜本的改善にとどまらず、東アジアに恒久平和と安定、友好と協力の地域集団安全保障体制を作り上げて行くことに大きく寄与することになるだろう。日本政府と日本国民は、戦後長く課せられた宿題――大日本帝国と軍国主義がアジアの人々に与え続けた被害を抜本的に救済し、戦前の諸悪を克服する――をやりとげなければならない。それなしに「私たちの子や孫、そしてその先の子どもたちに、謝罪を続ける宿命を背負わせてはなりません」などと語ることは許されないのである。

6　土壇場での韓国政府の方針転換

韓国政府の日韓GSOMIA終了決定は、決定当日の八月二二日、ポンペオ国務長官の「失望した」との発言及び国防総省の「強い懸念と失望を表明する」との声明で揺さぶられ、さらに二八日、エスパー国防長官の「非常に失望している」、「米日韓は、北朝鮮や中国という共通の脅威に向き合っており、協力し合う時により強くなる」との発言及びシュライバー国防次官補の「韓国は再検討し、協定を更新するよう求める」、「日韓の歴史的な論争や憎悪、政治的な相違を、軍事および安全保障上の協力に影響させるべきではない」、「文在寅政権の決定は日韓関係だけでなく、米国や他の友好国の国益にも悪影響を及ぼすと、米国は繰り返し明言している」などとの発言により厳しく批判された（八月二四日付朝日新聞朝刊、同月三〇日配信朝日新聞デジタル・ニュース）。

アメリカ政府は、いよいよ失効目前に迫ると、単なる批判にとどまらず、以下に見るように露骨に韓国政府に圧力をかけ続けることになった。

一一月一三日、米軍制服組トップのミリー統合参謀本部長が、東京で記者会見し、「日韓GSOMIAを失効させるべきではない」、「失効で恩恵を被るのは北朝鮮や中国、ロシアだ」と強調した（一四日付朝日新聞朝刊）。同本部長は、その翌日、ソウルでの定例の米韓軍事委員会で、朴《パク・》漢基《ハンギ》合同参謀本部議長に日韓GSOMIAの維持を求めた（一四日・時事通信）。

一五日には、ソウルを訪れたエスパー国防長官が韓国の鄭 景斗《チョン・ギョンドゥ》国防部長官と会談し、日韓G

ＳＯＭＩＡを維持することを直接要請し、さらに共同記者会見でも、これを繰り返した。これを報じた朝日新聞の記事の見出しは、そのものズバリ、「ＧＳＯＭＩＡ維持　圧力強める米」であった（一六日付朝刊）。

更にタイのバンコクで、一七日、日本・河野太郎防衛相、韓国・鄭長官に、アメリカ・エスパー長官を加えた三者会談が行われ、その場で、同長官は「北朝鮮や中国の思うつぼにならないよう日韓二国間の問題を克服する必要がある」と述べ、日韓ＧＳＯＭＩＡの維持を強く求めた（一八日付朝日新聞朝刊）。

二一日には、ポンペオ国務長官が、韓国の康外交部長官と電話会談し、日韓関係と米韓同盟の重要性を改めて確認した。これを報じた産経新聞は、日韓ＧＳＯＭＩＡが議題となったのは確実とみられ、ポンペオ氏が破棄決定を翻すよう土壇場の要請を行った可能性があるとしている（一一月二二日配信の同デジタル・ニュース）。

圧力は、アメリカ政府からだけではない。アメリカ議会上院も、二二日、「日韓ＧＳＯＭＩＡはアメリカと同盟国の国益を守るのに欠かせない、失効すれば、アメリカの安全保障に直接、悪影響を及ぼすなどとして、日韓ＧＳＯＭＩＡを維持する必要がある」とする決議を全会一致で可決し（二二日・ＮＨＫニュースウオッチ９）、政府と足並みを揃えた。

以上報道されたものだけを拾ってみたが、これらだけでも韓国政府の方針転換を迫るためのすさまじい攻勢、圧力があったことがわかるだろう。勿論、これらに尽きるわけではなく、水面下では、もっと露骨な圧力がかけられたことであろうと推察される。例えば在韓米軍の駐留経費負担の五倍化要求と絡ませたり、経済制裁をちらつかせたりしたことが取り沙汰されているようだ。

アメリカからのこうした画策は、図らずも日韓GSOMIAの本質、即ち、一体誰が受益者で、誰が敵とされ、何を目的としたものであるかを浮かび上がらせることになったと言えよう。日韓GSOMIAは、北朝鮮、中国、ロシアを仮想敵国とし、それらを軍事的に封じ込めることを目的とする日米韓の軍事同盟体制を有機的に機能させるための魂、いわば脳髄である。それは北朝鮮の核・ミサイル開発の脅威に対応し、ミサイル発射等の情報を直接やりとりすることにより東アジアの平和と安全に資するなどと喧伝されるようなやわな代物ではなく、むしろ東アジアに緊張と戦争のリスクをもたらすものであり、その最大の受益者は、アメリカそのものなのである。

ともあれこうしたアメリカの圧力と日韓GSOMIA終了を強固に支持する韓国国内の世論、さらにはこれまで自らが示してきた姿勢とに、もみしだかれるように、韓国政府は、二二日夕刻、八月二三日に行った日本政府に対する日韓GSOMIA終了通告の効力を停止*（撤回ではなく効力停止とされていることに注目されたい！）することを決定し、日本政府に通告したことを発表するに至った。まさに土壇場での方針転換であった。同時に、韓国政府は、先に述べたわが国の対韓輸出規制厳格化措置に対するＷＴＯへの提訴手続きを中断することも発表した。

これを受けて経産省飯田陽一貿易管理部長は、同日夕刻、輸出管理に関する韓国との担当局長級協議を再開すると発表した（二三日付朝日新聞朝刊。もっともその後、二六日付同紙朝刊で、この「輸出管理に関する」協議について、同部長が、韓国の貿易管理体制の不備が改善されたかを確かめる場と位置づけ、ＧＳＯＭＩＡとは一切関係が無いと述べたことをめぐって、双方に神経質なやりとりがなされているが続報されている）。

さらに二三日、Ｇ20外相会議に急遽出席することを決めて来日した韓国康外相は、名古屋で茂

＊日韓ＧＳＯＭＩＡ終了通告の「効力の停止」とは一体何だろうか。韓国政府は、これはあくまでも暫定措置で、日本政府の対応次第では、いつでも撤回することができ、その時点で日韓ＧＳＯＭＩＡは終了するとの考えを示している。しかし、私はそのような解釈は無理なように思う。日韓ＧＳＯＭＩＡ第二一条第三項により、一一月二三日満了時点で終了通告が効力を生じていない限り確定的に一年間自動延長されることになるからである。そうすると「効力の停止」とは国内向けのポーズに過ぎないように思われる。

木敏充外相と会談、両者は、対韓輸出規制に関する両国担当局長会談が有意義なものになることを期待する旨確認しあい、一二月下旬には、両国首脳会談を行うべく調整をすることで一致した（二四日付同紙）。

しかし、この韓国政府の方針転換後も、安倍首相は、二二日夕刻、首相官邸での記者会見で「北朝鮮への対応のために、日韓、また日米韓の連携協力は、極めて重要であります。それは、私も繰り返し申し上げてきたことであります。今回、韓国もそうした戦略的観点から判断をしたのだろうと、こう思います」と述べたにとどまり（首相官邸ホームページ）、茂木外相も、同日夕刻、「現下最大の課題、そして根本にある問題は、旧朝鮮半島出身労働者（元徴用工）問題だ。韓国側に対して一日も早く国際法違反の状態を是正するよう引き続き強く求めていきたい」とこれまでの日本政府の見解を繰り返したに過ぎなかった（二四日付同紙）。

韓国政府の土壇場の方針転換を受けた動きは、アメリカを起点とした日韓双方政府当局の事務レベル、高官レベルの水面下での折衝によって、ある程度は調整されたものであっただろう。しかし、どうもきちんとした詰めまではなされていないように思われる。

前出の安倍首相や茂木外相の発言からは、これを機会に日韓関係の抜本的改善に取り組もうという前向きな姿勢は窺われないと言わざるを得ない。今後の推移に注目したいが、日韓慰安婦合意のような臭いものにふたをするという処理に終始すれば、戦後最悪の日韓関係は、更に底なし沼にはまりこんでしまうことになるだろう。

一方、韓国政府も、仮にも無原則的な譲歩をして行くようなことになれば、かつて外交部長官直属の「慰安婦問題合意検証作業部会」が手厳しく批判した朴政権の慰安婦問題合意と同じことになり、文政権は国民から見放されることになりかねない。

いずれにしても日韓政府が本章第二節以下に述べた筋道に従って、懸案事項を一つずつ解決することに努め、双方国民が理性と道理をもってそれを後押しすることが肝要であることは、いくら強調しても、強調しすぎるということはないだろう。

あとがき

私は、名古屋市の南区、港区で少年時代の大半を過ごし、朝鮮人、韓国人と接する機会が比較的多かったように思います。私は、貧しい家庭で育ち、経済的には彼らよりも恵まれない生活を送っていたのですが、彼らに対して差別・偏見の意識を持っていました。おそらくまわりの人たちから知らず知らずのうちにすりこまれてしまっていたのでしょう。

私が、朝鮮人、韓国人に対する差別、偏見から脱却できたのが、大学一年生のころ、日韓会談反対運動の渦に飛び込んだときからでしょう。私が過ごした東大駒場寮に、毎週、たまった古新聞を回収に来る朝鮮人の○○さんから、幾度かお話をうかがったことも或いは影響があったのかもしれません。

二〇一九年は、日韓関係が劇的に悪化した年でした。週刊誌やテレビ、あるいはネット上では、韓国バッシングが続きました。いや、その先陣を切っていたのは、安倍政権であったと言ってよいでしょう。

このような韓国バッシングは、長年、社会正義と人権の擁護を標榜して弁護士業務に励んできた私にとって耐えがたいものでした。二〇一九年の夏、私は、本書のもとになる文章を私のブログに書き込むことに日々熱中しました。少しでも多くの人に、日韓問題の本質を理解して欲しいとの思いに駆られて必死でした。本当に暑い、暑い日々でした。

秋も深まった今、その後の日韓関係の動きがいろいろ報じられています。一〇月二四日、令和天皇の即位礼に参列するため訪日していた韓国李洛淵《イ・ナギョン》首相が安倍首相と会談し、文大統領の親書を手渡したとのことです。会談では、安倍首相は「日韓関係をこのまま放置してはいけない」と述べましたが、その一方で、相も変わらず「国と国との約束順守」を求めたそうです（朝日新聞朝一〇月二五日付朝刊）。また、一一月四日には、アセアン＋日中韓三国の首脳会談に出席するためタイのバンコクを訪問していた安倍首相と文大統領が短時間ですが会談しました。韓国大統領府の説明では、文大統領が「必要があれば高位級の協議も検討したい」と提案し、安倍首相も「あらゆる可能な方法を通じて可能な解決法を模索するように努力しよう」と応じたとのことです（同一一月五日付朝刊）。

そして日韓ＧＳＯＭＩＡの終了が間近に迫った一一月中旬からのアメリカによる主に韓国政府に向けた日韓ＧＳＯＭＩＡ維持を求めるさまざまな圧力、画策はすさまじいばかりでした。韓国政府は、苦水《にがみず》を飲むように、一一月二二日になって方針を転換し、これを維持する方向に舵を切りました。その経緯は本文中で詳しく述べたとおりです。

しかしながら一一月二四日付朝日新聞朝刊では、「日本はなにも譲っていない。米国が非常に強くて韓国が降りたという話だ」と安倍首相が周囲に語ったとか、首相官邸関係者が「ワシントンの破壊力はすごい。（韓国側は）締め上げられた」とつぶやいたというような、えげつない話が報じられています。経産省貿易管理部長の発言をめぐる日韓双方当局者の神経質なやりとりも気になるところです。

行く末には一抹の不安を抱かざるをえません。韓国政府の苦渋の決断が、吉と出るか凶と出るか、現時点ではっきりと見通すことはできませんが、私としては吉と出ることを願うばかりです。

尚、本書の大部分を書き上げた段階で、松竹伸幸『日韓が和解する日両国がともに歩める道がある』（かもがわ出版）を読むことができました。大きな政治外交史的観点から、日韓の和解を模索する戦略的機略に富んだ好著だと思います。本書と併せてお読みいただければ、理解も深まり、実践的指針も得られることと思います。

（二〇一九年一一月末）

深草徹（ふかくさ・とおる）

1946年6月28日生
1969年東大法学部卒、鉄鋼会社勤務を経て1977年弁護士登録
労働事件、公害事件を中心に、憲法が保障する基本的人権に関わる事件を多数担当
2018年　憲法問題、政治史の研究に打ち込むため、弁護士をリタイア
現在は、深草憲法問題研究室主宰し、講演等を通じて現行憲法の意義を広め、これを擁護する活動に携わる
九条の会・ひがしなだ共同代表世話人

戦後最悪の日韓関係——その責任は安倍政権にある

2020年1月20日　第1刷発行

著　者　ⓒ深草徹
発行者　竹村正治
発行所　株式会社　かもがわ出版
〒602-8119　京都市上京区堀川通出水西入
TEL 075-432-2868 FAX 075-432-2869
振替　01010-5-12436
ホームページ　http://www.kamogawa.co.jp
印刷所　シナノ書籍印刷株式会社

ISBN978-4-7803-1071-9　C0031